BUR Rizzoli

IRENE FACHERIS

PARITÀ IN PILLOLE

Impara a combattere le piccole
e grandi discriminazioni quotidiane

Con le illustrazioni di Chiara Meloni *@chiaralascura*

BUR Rizzoli varia

Pubblicato per

BUR Rizzoli

da Mondadori Libri S.p.A.

ISBN 978-88-17-15554-0

Prima edizione Rizzoli: 2020
Prima edizione BUR Varia: febbraio 2021

Seguici su:

www.rizzolilibri.it /RizzoliLibri @BUR_Rizzoli @rizzolilibri

Parità in pillole

A chiunque ne senta già il bisogno
e a chiunque scoprirà di averlo

That girl, she holds her head up so high
I think I wanna be her best friend

Bikini Kill, *Rebel Girl*

SOMMARIO

PREMESSA

Caparezza canta «il secondo album è sempre il più difficile nella carriera di un artista» e ho la sensazione che per i libri e gli scrittori (o in questo caso, le scrittrici) valga la stessa cosa.

Dal mio primo libro *Creiamo cultura insieme: 10 cose da sapere prima di iniziare una discussione*, ho imparato che ho bisogno di cominciare a scrivere un libro dall'inizio, cioè dalla premessa.

Quando ancora è tutto solo un progetto, un'idea, un atto di fede.

I Foo Fighters dicono: «*You need blind faith, no false hope*», «Ti serve fede cieca, non false speranze»: partire dalle prime righe mi permette di definire i miei obiettivi, capire quanto siano realistici e quanta fatica dovrò fare per raggiungerli.

Perciò, ecco cosa potrete aspettarvi da questo libro e cosa voglio realizzare.

Per chi è pensato questo libro

Questo libro parlerà di parità, delle principali discriminazioni che le persone subiscono per essere come sono e di come ognuno di noi possa fare la propria parte (grande o piccola, non importa) per migliorare il mondo attorno a sé, la vita degli altri e conseguentemente anche la propria.

Il primo passo per cambiare le cose è conoscerle: le origini, le evoluzioni e lo stato attuale, perciò in ogni capitolo sarà presente anche della teoria. L'obiettivo non è certo quello di annoiare o di sostituirmi a un testo scolastico, quindi prometto che cercherò in ogni modo di rendere la lettura leggera nonostante i temi corposi. Partirò dalle basi, ma aggiungerò anche riflessioni personali, frutto del mio scambio continuo con persone addette ai lavori.

Insomma, è un libro pensato per due tipologie di persone:

1. Quelle che di parità sentono di saperne poco, quelle che ogni tanto pensano anche che alcune questioni siano un po' esagerate, e quelle che sanno che: «Certo! Sono molte le cose che non vanno, a questo mondo, ma come si fa a metterle a fuoco, e soprattutto da soli?»
2. Quelle che sono già appassionate di questi temi e sentono il bisogno di avere a portata di mano le informazioni principali, per poterle riguardare e rileggere senza perdere mai il focus.

Cosa non troverete in questo libro

Non ho mai sopportato le persone che cercavano di indottrinarmi in qualche modo.

Sono contenta che tu sia convinto della tua idea, ma questo non ti dà il diritto di trattarmi come una stupida se non la penso come te. Soprattutto, non sarà l'atteggiamento paternalistico a farmi cambiare idea, semmai rafforzerà la mia convinzione. Insomma, più mi tiri dalla tua parte con la forza o le prese in giro, più io mi sforzerò di rimanere ancorata alle mie posizioni, non perché mi convincano più delle tue, ma perché trovo insopportabile la tua modalità.

Sono certa di non essere l'unica a provare disagio quando questo accade, dunque voglio assicurarvi che questo libro sarà (il più possibile) privo di giudizi e di supponenza, perché non sopporterei di comportarmi in questo modo, ho troppo rispetto per coloro che mi leggono. Peraltro, penso che sia controproducente, per le ragioni appena citate. Insomma, non è nelle mie corde e non lo trovo utile.

In più, credo che l'ignoranza sia normale e non ci sia nulla di più fastidioso del voler sottolineare sgomenti che una persona possa non sapere una cosa che a noi sembra invece banale. Mi viene in mente il comico e conduttore televisivo Trevor Noah, quando si lamenta proprio di questo atteggiamento.

«Hai sentito la nuova canzone di Beyoncé?»
«No.»
«Non hai sentito la nuova canzone di Beyoncé??»
«No.»
«NON HAI SENTITO LA NUOVA CANZONE DI BEYONCÉ?!?«
«Ah sì, adesso sì!»

Manifestare in maniera plateale la tua delusione per una mia ignoranza non mi renderà dotta per magia. Non ha senso, fine della discussione.

Gli sforzi che dovrete fare durante la lettura

Leggere un libro comporta uno sforzo, se non altro di attenzione. Alcuni sforzi però sono più facili di altri. Ve lo dico prima, perché preferisco che siate preparati e perché voglio che sappiate che sarà normale avere certe reazioni, non siete sbagliati voi e non sono sbagliata io, è solo che… se siamo abituati a vedere le cose in un certo modo, quando qualcuno ce le mostra da un'angolazione diversa la prima reazione è chiederci: «Ma che cosa sta vedendo questa persona? È matta?».

Vi chiedo di fare un patto con me: la lettura di questo libro sarà caratterizzata da apertura mentale (cioè mettersi nella condizione di poter accogliere cose diverse da quelle a cui siamo abituati) e sospensione del giudizio (provare a capire quello che stiamo leggendo, senza domandarci immediatamente che valore diamo noi a quella cosa). È un patto, quindi vale tanto da parte vostra quanto da parte mia. Perciò, quando dovrò raccontare punti di vista lontani dal mio, non lo farò mettendomi in cattedra o proponendoli come se fossero intrinsecamente sbagliati solo perché posso farlo in quanto autrice del libro.

Prima di tutto occorre analizzare il concetto di privilegio, perché è difficile pensare di poter dare una mano a qualcun altro se non si è consapevoli di avere già degli strumenti in mano.

Immediatamente dopo, giacché tutte le questioni trattate nel libro sono questioni politiche, servirà capire che cosa si intenda per "politica", e perché tutto ciò che facciamo rientri in questa parola.

Una volta poste queste basi, ci addentreremo nelle questioni più pratiche.

Parlando di parità non si può non parlare di femminismo, un termine ancora poco chiaro e che porta con sé una brutta nomea che è il caso di smantellare.

Ci prenderemo poi uno spazio per riflettere sulle principali discriminazioni subite dalle donne, nella vita di tutti i giorni e anche nel mondo del lavoro.

Vi proporrò un breve intervallo (perché ogni tanto c'è bisogno di una pausa!) dove rifletteremo non su un concetto ma su un'attitudine: quella di scusare qualsiasi comportamento attuato da una donna in nome della sorellanza, anche quando quel comportamento è riprovevole. Questa pausa ci servirà per mantenere uno sguardo non dico obiettivo (nessuno sguardo lo è) ma non *stupidamente* di parte.

Proprio per questa ragione, troveremo poi un capitolo dedicato agli uomini e a come anche loro spesso siano vittime di una società che li vuole in un certo modo.

Successivamente, ci prenderemo del tempo per analizzare i messaggi che veicolano le scelte linguistiche, in forma parlata e scritta.

Concluderemo con una lista di altre discriminazioni che è possibile trovare in questa società, che non riguardano il genere di appartenenza ma che meritano di essere citate, giacché producono conseguenze tangibili nella vita delle persone.

Apriremo diverse porte, dietro ognuna di esse troveremo concetti semplici e concetti complessi, pareri contrastanti e verità messe in discussione.

Alcune porte nasconderanno temi così spinosi che la difficoltà maggiore sarà riuscire ad aprirle.

Ma, in quanto fan di Harry Potter, credo da sempre che usando le parole giuste (e certo, con un pizzico di magia) sia possibile superare ogni ostacolo.

Andiamo quindi ad aprire la prima porta.

Alohomora.

1

IL CONCETTO DI PRIVILEGIO

Tutti noi abbiamo dei problemi. Non c'è individuo che possa dire di non avere questioni aperte, difficoltà da affrontare, grane da risolvere. Indipendentemente da quanto sia in salute, benestante, amato. E se abbiamo un problema, qualcosa che ci tiene svegli di notte, il fatto di essere in salute, benestanti, e amati non fa scomparire le nostre preoccupazioni o il nostro dolore.

Questo va detto subito: quando si soffre, si soffre a prescindere da quanto ci si possa trovare in una condizione di agio.

Ricordo bene quanto stavo male, da piccola, quando per qualche ragione litigavo con i miei genitori, ricordo la preoccupazione di non riuscire a tenere il passo con tutte le lezioni che seguivo per il mio corso di laurea, ricordo la paura quando a sedici anni ho rischiato di morire per una peritonite non diagnosticata, ricordo ogni delusione d'amore. In tutte quelle situazioni, sono stata male. E il mio malessere per me era importante, era totale.

Ma devo tenere conto anche di un altro pezzo della realtà: litigavo con i miei genitori perché sono cresciuta in una casa con entrambi i genitori, mi preoccupava tenere il passo con i corsi universitari ma non ho mai dovuto preoccuparmi di pagare la retta, ho rischiato di morire ma sono stata ricoverata in un ospedale nel quale, due ore dopo essere entrata, ero già in sala operatoria (e non ho dovuto sborsare una lira), l'amore mi ha delusa molte volte ma non sono mai stata insultata o picchiata perché per strada tenevo la mano al mio ragazzo.

Se guardo il quadro completo, non posso fare a meno di considerare i miei tanti privilegi.

Questo significa che non ho il diritto di stare male? Certo che ce l'ho! La mia esperienza soggettiva è valida, è sacra, sentire dolore è un mio triste diritto. Ammettere di avere dei privilegi non toglie importanza alle mie esperienze personali, solo mi dà la possibilità di essere utile ad altri, che magari hanno meno privilegi di me.

PILLOLA

Ognuno di noi, per quanto possa essere discriminato, è privilegiato rispetto a qualcun altro.

Sono una donna che vive in Italia, per strada me ne hanno dette di tutti i colori, dal «Ciao bella» al «Quanto prendi?». Ogni volta ci sto male, ogni volta mi sento sporca, in colpa, piena di vergogna, come se avessi fatto qualcosa per meritarmelo. È tremendo e so che moltissime donne possono capirmi. Però, ad esempio, non hanno mai pensato di me che fossi una "facile" per il colore della mia pelle, le mie origini non sono mai diventate un feticcio per uno sconosciuto. Questo perché ho il privilegio di essere bianca. Le mie amiche nere, oltre a provare tutte le cose che ho provato io, ne hanno provate anche altre, sempre terribili, solo per il fatto di essere donne nere.

Come faccio a non tenere a mente una cosa così importante? Come faccio a non pensare che, proprio in quanto bianca, sarebbe bene che io spendessi qualche parola per essere d'aiuto a chi non è bianco e quindi non ha questo privilegio?

Anche essere eterosessuale è uno dei miei privilegi. Certo, i parenti potranno dirmi che il mio ragazzo non gli piace e che non devo portarlo a casa perché non è il benvenuto. Ma nessuno penserebbe mai di cacciare di casa me, né di picchiarmi o rinnegarmi. Nessuno mi direbbe mai «preferirei vederti morta che con lui». Quella che per la mia esperienza sarebbe fantascienza è realtà per moltissimi miei amici che fanno parte della comunità LGBTQ+. Come faccio a non ripetere ogni volta che posso che «l'amore è amore», se so che le persone che non lo pensano sono più portate ad ascoltarlo se lo dico io, eterosessuale e quindi percepita come più vicina a loro?

Naturalmente i privilegi non sono colpe, evitiamo perciò di prendere la via del masochismo per cui «sono nata nella bambagia e per questo ora devo soffrire, per non correre il rischio di essere ingrata».

Non ho scelto di nascere bianca, così come non ho scelto di nascere eterosessuale: è capitato, non è un mio "merito" così come non è una mia "colpa". Ma è una mia responsabilità usare questa fortuna casuale per dare una mano a chi è nato senza gli stessi privilegi. Ricordandomi sempre che il mio privilegio non rende meno veri i miei sentimenti e meno profondo il dolore che posso provare per le mie vicende personali.

Posso stare malissimo per cose che sono capitate a me personalmente e avere comunque un privilegio. Chi ha dei privilegi non è immune alle sofferenze, semplicemente ha una carta da giocare per lenire, almeno in parte, quelle degli altri.

Non deve diventare una gara a chi soffre di più, non è quello il senso. E comunque, chi è il genio che vuole vincerla, questa gara?

PILLOLA

Giacché sei stato fortunato, hai la responsabilità di usare la tua fortuna per aiutare chi non l'ha avuta.

Bisogna però stare attenti a non eccedere nel senso opposto, cominciando a credersi i salvatori del mondo solo perché si ha un privilegio. Perché se è vero che nessuno sceglie di essere bianco ed eterosessuale, allora non possiamo trattare queste nostre caratteristiche come se fossero un merito e soprattutto non è il caso di pensare a noi stessi come a degli eroi ogni volta che ci battiamo per gli altri. Se vediamo qualcuno che ha bisogno di aiuto e noi siamo nelle condizioni di aiutarlo e lo facciamo, non siamo dei supereroi: siamo degli esseri umani decenti. Dovrebbe essere il minimo sforzo richiesto, non un gesto eclatante, da applaudire. Anche perché c'è il rischio che poi non si parli più di come fare per evitare che ricapitino situazioni del genere, ma solo di quanto siamo stati bravi noi. Se le nostre azioni vengono lodate fino a spingerci sotto i riflettori, nessuno presterà più attenzione alla persona che abbiamo aiutato, che invece deve essere al centro del discorso. E se noi, che in quanto privilegiati abbiamo il potere di dire: «Scusate, invece di parlare di me, possiamo parlare di lui, che mi sembra più importante?» non lo facciamo, non abbiamo come obiettivo quello di aiutare gli altri, siamo solo a caccia di complimenti. Comprensibile, ma per nulla utile.

Sessisti si nasce

Quando faccio certi discorsi, soprattutto online, ricevo moltissimi complimenti.

«Oh, Irene, vorrei essere come te! Sei un esempio! Non ti meritiamo!»

Sono frasi che saziano il mio ego, ma in fondo so bene quanto non rispecchino la realtà.

Trovo che mettere una persona su un piedistallo sia pericoloso, non solo perché non potrà fare altro che deluderci, ma anche perché corriamo il rischio di cominciare a pensare che non riusciremo mai a essere come lei, perché lei è evidentemente perfetta, lo è sempre stata, non può che essere così.

D'altra parte, qualunque obiettivo, se percepito come irraggiungibile, semplicemente smette di essere perseguito.

Per questa ragione ho cominciato a pubblicare su Instagram alcuni post scritti tanti anni fa su Facebook. Avete presente quella notifica terribile che ogni tanto ti dice: «Guarda che cavolate scrivevi sei anni fa oggi»? Ecco, ogni volta che ci clicco sopra mi vergogno come una ladra.

Frasi sulle "vere donne", sull'importanza di essere formose perché «le ossa diamole ai cani», filippiche denigratorie nei confronti di ragazze sessualmente libere.

Le leggo, divento rossa, poi faccio uno screenshot dal telefono e lo pubblico su Instagram con la data di quando l'ho scritto. La didascalia che aggiungo è quasi sempre la stessa: questo l'ho scritto io tot anni fa, se ce l'ho fatta io a cambiare, ce la possono fare tutti.

Perché lo faccio? Perché voglio che le persone capiscano che non si nasce pensando già tutte le belle cose di cui ci occuperemo nel libro, non in questa società.

In questa società si nasce sessisti.

Il sessismo, ci dice Treccani, è un «termine coniato nell'ambito dei movimenti femministi degli anni Sessanta del Novecento per indicare l'atteggiamento di chi (uomo o donna) tende a giustificare, promuovere o difendere l'idea dell'inferiorità del sesso femminile rispetto a quello maschile e la conseguente discriminazione operata nei confronti delle donne in campo sociopolitico, culturale, professionale, o semplicemente interpersonale».

Il sessismo è ovunque attorno a noi, dal collega che insinua che abbiamo ottenuto il lavoro grazie ad altro che non siano le nostre competenze, alla pubblicità che per venderti qualsiasi cosa (uno yogurt, un paio di jeans, un'auto…) utilizza una donna seminuda in posizioni sessualmente esplicite.

Il sessismo è quel meccanismo che ci porta a fare battute obsolete, scontate e di cattivo gusto con il pilota automatico. Volete un esempio? Non dobbiamo andare troppo lontano.

Nel 2015 ho pubblicato sul mio canale YouTube un video dove recensivo il film tratto da *Cinquanta sfumature di grigio*, il primo libro della serie.

Sperando (per voi) che non abbiate visto il film, vi riassumo la trama per darvi un po' di contesto.

Anastasia è una giovane laureata, poco incline alla vita sociale, timida, vergine.

Christian è un trentenne ricchissimo con dei problemi di possessività che crede che praticare il BDSM (bondage, dominazione o disciplina, sadismo e masochismo) voglia dire dare ordini alle donne decidendo per loro quando debbano mangiare, spogliarsi o mordersi il labbro, nonostante queste non siano d'accordo con le modalità.

Si incontrano per puro caso e lei scambia i problemi di lui (intendiamoci, il BDSM non è un problema, ma quello di Christian non è BDSM) per desiderio di protezione e lo trova sexy.

Arriva la scena della loro prima volta, lui la spoglia (perché a quanto pare se sei una ragazza timida non sei in grado di toglierti i jeans – e come sempre grazie per questa rappresentazione del genere femminile) e in controluce si vedono i peli sulle cosce di lei.

Io, in quel momento, do il peggio di me.

«Ma insomma, è mai possibile che giri una scena di sesso e non ti depili, ti avranno pur avvertita del giorno in cui avreste filmato quella scena, come ti viene in mente di non depilarti...»

Non contenta, faccio partire un hashtag: #pelisullecosce.

L'hashtag comincia a girare, sia nei commenti sotto al video sia su Twitter, tutti e tutte si fanno delle grandi risate denigrando i peli sulle cosce dell'attrice.

A ripensarci, sento il bisogno di sotterrarmi dalla vergogna. Ora, a distanza di anni, dopo aver studiato, seguito corsi di approfondimento e soprattutto dopo avere ascoltato l'esperienza di tante donne, so dare un nome a quell'hashtag e cioè *body shaming* (ce ne occuperemo più avanti, da pagina 86 in poi). Ho fatto della comicità spicciola usando come espediente il corpo di una donna, sostenendo (neanche troppo velatamente) che avrebbe dovuto vergognarsene. Un'onta terribile che difficilmente laverò via, eppure ai tempi mi sembrava una battuta normalissima. Perché? Perché sono cresciuta in una società che molto di frequente utilizza il corpo delle donne come *punchline* (dicasi punchline la parte finale della battuta, quella che scatena la risata), perché pare che tutti e tutte possano mettere bocca sul corpo delle altre donne, perché così si è sempre fatto, perché sessisti si nasce.

È un po' come quando acquisti un pc con un sistema operativo già installato.

Di solito, non ti fai troppe domande, cominci a usarlo e basta. Magari in futuro ti renderai conto di quanto sia diventato obsoleto e lo aggiornerai, oppure dovrai farci talmente poche cose che nemmeno ti renderai conto di poter avere una macchina superiore a costo zero, semplicemente riavviando e lasciando al pc il tempo di installare i nuovi programmi.

Certo che l'ultimo sistema operativo è migliore del primo messo in commercio, ma non è che tu hai scelto il primo perché ti piaceva di più, è che… quello c'era! Gli aggiornamenti, i miglioramenti, arrivano con il tempo.

Con le idee sessiste, funziona allo stesso modo. Io non mi sono mai fermata a pensare: "Perché credo che una donna debba depilarsi?", semplicemente, quello era il mio sistema operativo e con quello provavo a lavorare. Ho capito che quei pensieri non erano realmente miei quando li ho messi in discussione e li ho messi in discussione quando mi sono accorta che le performance del pc nella mia testa non erano più sufficienti per fare le cose che avevo bisogno di fare.

Allora, e solo allora, ho deciso di prendermi del tempo per… aggiornarmi.

E adesso, tornare indietro sarebbe impossibile.

Qualche anno dopo, una mia amica di dieci anni più giovane di me mi ha chiesto di poter riutilizzare quell'hashtag, con un significato diverso. Era estate e il suo pensiero è stato: se una donna vuole depilarsi, che si depili. Se vuole tenersi i peli, che se li tenga. Dei vostri #pelisullecosce siete libere di decidere per voi stesse. Sono stata molto contenta di questo nuovo significato dato all'hashtag, che mi ha confermato due cose: la prima è che c'è sempre un modo per rimediare a errori di questo tipo e la seconda è che le nuove generazioni ci salveranno.

2

IL PERSONALE È POLITICO

Non ricordo la prima volta che ho sentito questa frase, ricordo però di essere rimasta interdetta.

Mi domandavo: "Ma in che senso? Il personale è personale... e comunque che c'entra la politica?".

Credo che il primo passo da fare quindi sia quello di chiarire un termine che sentiamo spesso ma che quasi mai ci spiegano (nemmeno a scuola).

Che cos'è la politica?

La prima cosa che ci viene in mente, con ogni probabilità, è un triste teatrino. Uomini mediamente poco preparati che sbraitano in televisione mancando un congiuntivo ogni due, promesse mai mantenute e messe sul tavolo con l'unico obiettivo di racimolare qualche voto in più in campagna elettorale, quasi sempre e solo nell'interesse di chi sta già bene e ignorando bellamente chi invece dovrebbe ricevere un aiuto concreto. La politica, in Italia, è un circo. E come ogni circo che si rispetti, pullula di clown. Non mi stupisce che le persone non vogliano avvicinarsi al concetto, che non abbiano rispetto per questa parola, che non se ne interessino.

Ma in realtà questa è solo una parte della politica, nello specifico quella che si concentra sui partiti.

La Politica, quella con la P maiuscola, è il nostro sguardo sul mondo. Ogni nostra scelta è Politica. Tutto quello che ci accade durante le nostre giornate è Politica. In questo senso, affermare: «Non mi interesso di politica» equivale a dire: «Non mi interesso di ciò che mi accade, non mi interesso del mondo e di come decido di viverci». Impossibile, e per fortuna!

Io non ci sto a farmi rovinare la Politica da persone incompetenti che hanno deciso di ridurla a un gioco, a un passatempo remunerativo. La Politica non si merita questo trattamento.

Che cosa significa che "il personale è politico"?

«I problemi personali sono problemi politici. Non ci sono soluzioni personali in questo momento. C'è solo un'azione collettiva per una soluzione collettiva.»

Così scriveva la femminista Carol Hanisch sulla rivista «Notes from the Second Year: Women's Liberation», nel 1970.

PILLOLA

Ogni tua scelta personale ha un impatto sulla tua vita, su quella di chi ti è vicino e in generale sulla società. Affermare:«Non mi interesso di politica» equivale a dire: «Non mi interesso di ciò che mi accade, non mi interesso del mondo e di come decido di viverci». Impossibile, e per fortuna!

Faceva riferimento ai gruppi di autocoscienza femminili (di cui parleremo nel prossimo capitolo), in cui le donne si riunivano per parlare dei propri problemi.

Il primo significato della frase "il personale è politico" è questo: se tu hai un problema e non ne parli con nessuno, rimani convinto (soprattutto: convinta) che sia un problema solo tuo, una questione personale. Arrivi a pensare che sia colpa tua o che comunque tu stia esagerando. Non pensi di poter fare qualcosa per modificare la situazione perché dovresti fare tutto da solo (soprattutto: da sola). Quando invece parli con altre persone e scopri che hanno il tuo stesso problema, capisci che non è una questione personale. Tutto il contrario: è una questione politica.

Se il mio problema è il problema di tutte, il vero problema è della società, chi deve cambiare è la società. Posso smettere di autoflagellarmi dicendomi che sono sbagliata io e posso cominciare a lottare assieme ad altre per i miei diritti. Se il mio problema è personale, io sono un problema per me. Se mi accorgo che il mio problema è politico, è chi ha potere ad avere un problema.

Se mio marito è violento con me e io non ne parlo con nessuno, non scoprirò mai che in realtà questo accade a una donna su tre. E se accade a una donna su tre, vi assicuro che il problema non sono io e certamente non è personale. E se non è personale, qualcuno ha il dovere di occuparsene e io ho il diritto di protestare se ciò non avviene.

Il secondo significato di questa espressione così rivoluzionaria ha invece a che fare con il potere che ognuno di noi ha di cambiare le cose.

Se è vero che la Politica è un modo di guardare il mondo e di viverci, qualsiasi nostra azione personale può diventare azione politica.

Qualche tempo fa ho deciso che avrei eliminato dal mio vocabolario tutti quegli insulti che si basano sulla sessualità femminile: *troia*, *puttana*, *zoccola*... Ho deciso di farlo perché non penso che insinuare che una donna faccia molto sesso (a pagamento o non) sia un insulto. Penso che ogni donna sia libera di scegliere se fare sesso, quanto farne e con chi, e che queste decisioni non possano essere un metro di giudizio per la sua morale. Se una donna si comporta male con me e mi serve una parola per insultarla (ammesso di dover arrivare a tanto), uso *stronza*. Anche e soprattutto perché esiste il corrispettivo maschile (mentre di un uomo non possiamo dire che sia una *troia*, non esiste un equivalente, sapete perché? Perché un uomo che fa tanto sesso non viene criticato, anzi...).

PILLOLA

Se scopri che un tuo problema personale (per esempio: avere un marito violento) è comune anche ad altre persone, allora vuol dire che stai affrontando una questione politica.

Quando i miei amici e le mie amiche invece usano *puttana* come un insulto, chiedo loro di evitare di farlo almeno in mia presenza, perché mi dà fastidio, e spiego loro i motivi.

Bene, moltissime di queste persone hanno a loro volta smesso di usare certi "insulti", perché hanno ragionato assieme a me sui rischi di portare avanti un doppio standard inutile e pericoloso, e hanno deciso di cambiare il proprio comportamento.

Una mia decisione personale ha innescato una reazione a catena che ha migliorato sensibilmente le interazioni all'interno del gruppo. E chissà quanti di loro avranno poi fatto lo stesso discorso ad altri amici! Il personale è politico, eccome se lo è.

3

IL FEMMINISMO

È un buon momento per ricordarmi e ricordarvi lo scopo di questo libro: dare delle basi, invitare chi lo legge a riflettere su certi temi conoscendone il significato.

Ciò che non farà sarà esaurire le questioni, saziare. Se dopo averlo letto avrete voglia di saperne di più, la bibliografia vi darà innumerevoli consigli per diventare sempre più esperti di questi temi, grazie al lavoro di persone che hanno passato decine e decine di anni a occuparsi di parità di genere e discriminazioni.

Non vorrei mai sostituirmi a loro, provo troppo rispetto e gratitudine per pensare che questo mio scritto possa prendere il loro posto. Qui tenteremo di elencare ed esplorare gli argomenti principali, e per conoscerli ancora più nel dettaglio ci affideremo a persone estremamente competenti che prima di me li hanno affrontati, rendendo possibile anche il mio libro.

Quando si parla di parità di genere non si può non parlare di femminismo, il problema è che le persone spesso non conoscono il significato del termine.

Femminismo come parola ha un problema, suona pericolosamente simile a un'altra parola che conosciamo bene, ossia maschilismo.

Il maschilismo è la convinzione che gli uomini siano superiori alle donne. Per assonanza, potremmo pensare che il femminismo non possa che essere il contrario, cioè la convinzione che le donne siano superiori agli uomini.

In realtà, una persona femminista è una persona che crede nella parità politica, sociale ed economica tra i sessi.

PILLOLA

Nessuno dice che uomini e donne siano uguali: si parla di parità e non di uguaglianza.

Anzitutto, si parla di parità e non di uguaglianza, nessuno dice che uomini e donne siano uguali. Anche solo visivamente, ci rendiamo conto che tra uomini e donne esistono tante differenze. Una persona femminista sostiene che queste differenze non possono essere causa di discriminazione. Non tutte le persone riusciranno a raggiungere i propri obiettivi e coronare i propri sogni, è triste ma è da mettere in conto. Quello che non è accettabile è pensare che non debbano riuscirci a causa del proprio genere di appartenenza.

Potrò non diventare mai un'astronauta perché non ho studiato abbastanza, non perché sono una donna.

Potrei guadagnare meno del mio collega perché ho meno mansioni da svolgere, non perché sono una donna.

Il mio genere (così come il mio orientamento sessuale, la mia provenienza, il colore della mia pelle, il mio credo religioso...) non può essere oggetto di discriminazione. O almeno, non dovrebbe esserlo. Questo dice il femminismo.

Ora, a parte qualche antagonista dei cartoni della Disney, chi non sarebbe d'accordo? Detto così suona molto sensato, uomini e donne meritano lo stesso rispetto.

Eppure, tantissime persone (soprattutto uomini ma non solo) rifiutano di definirsi femministe.

Il problema sta proprio nella parola. A chi ne spiega il significato, infatti, spesso sono comprensibilmente rivolte domande e obiezioni del tipo: «Scusate, ma perché non gli cambiate nome? Spiegata come me l'avete spiegata ora anche io sono d'accordo, ma converrete con me che non è intuitiva come parola. A che pro continuare a usare un termine che genera incomprensioni? Chiamatelo egualitarismo, chiamatelo umanismo, chiamatelo come vi pare, ma trovategli un nome meno problematico!».

Come detto, comprendo molto bene questa obiezione, la trovo sensata. Eppure, continuo a sostenere che il femminismo debba continuare a chiamarsi femminismo. Perché?

Perché si chiama femminismo

La nostra società non ha un problema con le persone, la nostra società non ha un problema genericamente con tutti gli esseri umani. Ha un problema con le donne.

Come dice la scrittrice Chimamanda Ngozi Adichie nel suo discorso, diventato poi il libro *Dovremmo essere tutti femministi*: «Il femminismo ovviamente è legato al tema dei diritti umani, ma scegliere di usare un'espressione vaga come "diritti umani" vuol dire negare la specificità del problema di genere. Vorrebbe dire tacere che le donne sono state escluse per secoli. Vorrebbe dire negare che il problema del genere riguarda le donne, la condizione dell'essere umano donna, e non dell'essere umano in generale. Per centinaia di anni il mondo ha diviso gli esseri umani in due categorie, per poi escludere e opprimere uno dei due gruppi. È giusto che la soluzione al problema riconosca questo fatto».

Volendo andare ancora più nello specifico, la società ha un problema con il femminile, con tutto ciò che viene stereotipicamente associato al femminile. Il femminile, in questo mondo, è visto come qualcosa di inferiore, di subordinato.

Quindi perché gli uomini dovrebbero essere femministi? Che vantaggio ne trarrebbero?

Anzitutto, come abbiamo già detto nelle prime righe, alcune cose si fanno non per trarne vantaggio personale ma per umana decenza, o se volete per un vantaggio etico. Se ho il privilegio di non essere discriminato per il mio genere, provo ad aiutare chi invece non è altrettanto fortunato (e in questo modo mi sento un essere umano migliore, dunque alla fine il vantaggio sta qui).

Ma soprattutto, continuare a pensare che il femminile sia inferiore porta a discriminare tutti quegli uomini che, per un motivo o per un altro, vi si avvicinano.

Perché credete che gli uomini non possano piangere in pubblico o manifestare emozioni tristi o tenere? Perché «non devi fare la femminuccia».

Perché un uomo che prende un part-time per stare a casa con il suo bambino è guardato storto? Perché «sta facendo il mammo».

Perché statisticamente c'è più violenza contro i ragazzi gay che contro le ragazze lesbiche? Perché «a quelli piacciono gli uomini, come alle femmine».

Perché i ragazzi timidi che non fanno la prima mossa sono presi in giro? Perché «è la donna che si fa conquistare».

Finché non ridaremo dignità al femminile, vivremo peggio tutti. Tutti noi che per i motivi più disparati abbiamo atteggiamenti che la nostra cultura identifica come femminili (non c'è bisogno di essere donne per essere femminili e non tutte le donne sono femminili).

Ecco perché dobbiamo continuare a chiamarlo femminismo, perché se ce ne dimentichiamo è finita.

Serve ancora il femminismo?

Stando a quello che abbiamo appena detto, verrebbe da rispondere solo «sì» e passare al prossimo capitolo.

Ma come ho detto qualche pagina fa, il mio compito non è quello di dare per scontate le cose o di bollare alcune domande come "inutili". Se vengono fatte, un motivo ci sarà. E questa devo dire che mi viene fatta spesso, soprattutto quando vado nelle scuole a parlare con i ragazzi e le ragazze. Di solito il loro ragionamento suona più o meno così: «Io capisco che una volta le donne non potevano votare e non andava bene, certo. Ma adesso che potete votare, cosa c'è ancora che non va? Adesso la parità non è stata raggiunta? Non è un po' anacronistico fare ancora *le femministe*?».

Anzitutto invidio chi fa questa domanda, perché significa che sta vivendo meglio di quanto non faccia io. Io ho molto chiari i motivi per cui c'è ancora bisogno di femminismo, e la ragione per cui li ho così chiari è che ne subisco le conseguenze ogni giorno (anche se faccio comunque parte di quelle donne privilegiate che certe cose non le hanno mai dovute provare).

Per aiutare i più giovani a comprendere perché il femminismo non sia una necessità passata e parli invece ancora molto di attualità, cito due pagine buie della storia legislativa italiana: il delitto d'onore e il matrimonio riparatore.

Si parlava di delitto d'onore in una situazione particolare: se tu uomo ammazzavi tua moglie, tua figlia, tua sorella… perché lei aveva fatto qualcosa che aveva leso il tuo onore (di solito ci si riferiva sempre ad atti sessuali e se eri una donna sessualmente libera eri una poco di buono che gettava discredito su tutta la famiglia, soprattutto sugli uomini di questa, che avrebbero dovuto tenerti a bada) andavi in galera, certo, ma non ti davano gli stessi anni che ti avrebbero dato per un regolamento di conti finito male con un amico al bar. Te ne davano meno, perché il fatto che tu avessi ammazzato una donna (con la quale c'era un rapporto, famigliare o intimo) per una questione di onore leso era un'attenuante.

PILLOLA

Il femminismo è quella vocina nella testa che ci chiede: «Siamo sicuri che vada tutto bene?».

Il matrimonio riparatore era ancora più semplice: se tu uomo stupravi una donna e poi volevi evitare la galera, bastava che la sposassi. Naturalmente, che lei fosse d'accordo oppure no non importava a nessuno. (La prima donna a rifiutare il matrimonio riparatore fu Franca Viola, la cui storia vi invito a conoscere.)

Bene, il delitto d'onore e il matrimonio riparatore sono stati abrogati nel 1981. Millenovecentottantuno. Ieri. E solo sulla carta, perché ad ascoltare i racconti delle donne che gestiscono i centri antiviolenza c'è solo da mettersi le mani nei capelli.

La facilità con cui vengono concessi sconti di pena a uomini violenti e la frequenza con cui si dà la colpa alle donne per le violenze subite perché «delle volte davvero te le tirano fuori dalle mani» sono figlie di quella mentalità, del delitto d'onore che per tanti anni abbiamo accettato e messo in atto.

Il femminismo non è una questione di suffragette e di diritto di voto, non solo, non più.

Se vi viene in mente solo la signora Banks che canta «Hip hip! Suffragette urrà!» in Mary Poppins, tra poco sarete costretti ad aggiornare questa immagine.

Il femminismo è quella vocina nella testa che porta a domandarci: ma quello che sta accadendo va bene?

Noi ora guardiamo al periodo che precede il 1981 come se ci stessero raccontando un romanzo distopico e pensiamo che ai tempi probabilmente doveva esserci stata un'epidemia collettiva, un virus che ha bruciato i neuroni ai giuristi, un blackout che ha impedito alle persone di vedere la gravità di certi ordinamenti. Una cosa del genere ci sembra impossibile e siamo convinti che ai giorni nostri non verrebbe tollerata.

La domanda che mi pongo e vi pongo è questa: quali sono le cose presenti oggi, a livello giuridico ma soprattutto a livello culturale, che faranno dire ai nostri nipoti che il blackout dobbiamo averlo avuto noi? Quali sono le pagine buie della nostra storia che portano la data di oggi e che fra quarant'anni la gente citerà con vergogna?

Perché sembra tutto normale, quando ci sei dentro. Ogni abominio è più accettabile mentre lo vivi. Perché se ci sei troppo vicino non lo vedi, perché per proteggerti hai bisogno di dirti che non è nulla di grave, perché se ti accorgi che qualcosa non va, poi devi fare i conti con il fatto che non stai facendo niente per migliorarla.

Il femminismo serve ancora perché la domanda: «Siamo sicuri che vada tutto bene?» è una domanda vitale, a cui non si può rispondere se non ci si prende l'onere scomodo di farsela.

Le ondate del femminismo: la prima ondata

Il femminismo ha una lunga storia fatta di tappe, evoluzioni, diritti conquistati e nuove questioni da discutere.

Quando si parla di femminismo nel tempo, si parla di ondate.

Attualmente ci troviamo nella quarta ondata (qualcuno dice che siamo ancora nella terza, ma io voglio essere ottimista). Ma da cosa è caratterizzata e cosa la differenzia da quelle precedenti? Vediamole brevemente insieme.

Nonostante le basi per il femminismo siano state gettate già a partire dalla Rivoluzione francese, la prima ondata femminista si fa iniziare convenzionalmente dalla fine del 1800 nel Regno Unito e ha come protagoniste le iconiche, conosciutissime e pioniere suffragette.

Chi erano le suffragette? Erano donne che si battevano per il diritto di voto (obiettivo raggiunto pienamente solo nel 1928 – nel Regno Unito, in Italia abbiamo dovuto aspettare il 1945).

Perché sì, le donne per moltissimi anni non hanno potuto votare, e forse facciamo ancora fatica a comprendere di che violenza si sia trattata. All'interno di una società, poter esprimere ufficialmente una preferenza politica e partitica, cioè votare, è l'unico modo per manifestare la propria esistenza e le proprie idee in maniera concreta, con la possibilità di cambiare le cose. In una democrazia che si basa sul voto, non poterlo esprimere significa non esserci, non esistere. Puoi vivere la tua vita, badare alla famiglia, farti degli amici e passare il tuo tempo in compagnia, ma quando si tratta di questioni importanti vali quanto la tovaglia che hai appena finito di piegare. Non ci sei, non conti, non viene richiesta la tua opinione, non puoi decidere, sei in balìa degli altri. Questo diritto negato non si spiega se non con la convinzione che le donne fossero inferiori, meno importanti. Si trattava di una discriminazione, di un'ingiustizia, e alcune donne hanno deciso di non sopportarla più. Se oggi noi donne possiamo fare le cose che facciamo (e non significa che la situazione sia rosea, badate bene) lo dobbiamo alle nostre antenate che finalmente, dopo troppo tempo in silenzio, si sono fatte la domanda «siamo sicure che vada tutto bene?» e si sono risposte che no, le cose non andavano bene per niente. E le hanno cambiate.

La seconda ondata

La seconda ondata femminista, protagonista degli anni '60 e '70 del Novecento, è forse quella che porta con sé il bagaglio più ingombrante per quanto riguarda gli stereotipi. Il look della "tipica femminista" che ognuno di noi ha in mente, deriva da allora. Le femministe non si depilano, le femministe odiano gli uomini, le femministe bruciano i reggiseni... Quali sono le verità storiche che hanno portato alla creazione di un'immagine a volte così caricaturale?

Abbiamo detto che l'obiettivo della prima ondata era poter votare, dunque affermare l'esistenza delle donne. Raggiunto quello, l'altra grande urgenza era poter scegliere per se stesse, cioè il diritto all'autodeterminazione. Le donne volevano riprendersi il proprio corpo (quindi sì, anche decidendo di non sottostare al canone di bellezza che pretendeva – e ancora pretende – una pelle liscia e un seno alto). Le due battaglie più sentite, in ogni caso, hanno riguardato l'autodeterminazione nella sua accezione più forte: decidere del proprio corpo e dunque della propria vita. Sto parlando del diritto al divorzio (1974) e all'aborto (1978).

Qui vale la pena fare un inciso, perché la storia ci insegna che nessun diritto è acquisito una volta per sempre. Al giorno d'oggi, si sta ancora discutendo della legge 194 (la legge che consente l'interruzione volontaria di gravidanza o IVG) e c'è chi vorrebbe abolirla, o chi non la mette in pratica perché obiettore di coscienza.

Sebbene credo sia doveroso applicarsi per rimuovere tutti gli ostacoli che possono costringere una donna ad abortire anche quando non vorrebbe, ad esempio la mancanza di risorse economiche o di supporto psicologico, resto fermamente convinta che poter scegliere per il proprio corpo sia un diritto fondamentale in una società degna di questo nome. Ebbene, qualcuno sta ancora adoperandosi affinché ci venga tolto.

Durante la seconda ondata nasce quello che viene chiamato «femminismo separatista».

Il femminismo separatista, dice bene il nome, separa. Chi? Gli uomini e le donne.

Vi era la convinzione che fosse necessario dare alle donne uno spazio che fosse solo loro, dove poter parlare di problemi che non sarebbero stati nominati in presenza di un uomo, dove rendere il personale politico. Nascono quindi i gruppi di autocoscienza femminili e per la prima volta le donne si sentono titolate a parlare di loro stesse, dei propri problemi, dei propri dubbi, degli argomenti vietati dal buongusto. È normale avere voglia di masturbarsi? Come funziona l'orgasmo femminile? Cos'è la clitoride? Si può provare piacere per il gusto di provare piacere? Ma anche: sono l'unica a sentirsi a disagio in una stanza piena di uomini? Siete mai state vittime di violenza maschile? Come vivete le aspettative che gli uomini hanno su di voi?

Un gruppo di donne in una stanza, lasciate libere di esplorarsi, forse per la prima volta da sempre. È stata una rivoluzione.

Certo, le eccezioni esistono sempre ma, generalmente, noi donne non siamo abituate al gruppo, già da piccole notiamo questa differenza. I maschi giocano alle macchinine, alla lotta... tutte cose per cui è preferibile essere almeno in due. Noi femmine invece abbiamo la cucina, il bambolotto... giochi che possiamo fare da sole. Anche quando abbiamo un arsenale di Barbie, le muoviamo tutte noi, facciamo voci diverse, non lo consideriamo strano. Non siamo abituate al gruppo, dobbiamo impararlo crescendo. Nel frattempo, rimaniamo convinte che i nostri problemi siano solo nostri, riguardino solo noi. Per dirla con un linguaggio che ormai conosciamo, pensiamo che il personale sia solo personale. Il femminismo separatista ha avuto questo pregio: spostando le donne in una stanza (tutta per sé, direbbe Virginia Woolf) ha contribuito a fare evolvere il personale in politico.

Il rovescio della medaglia è stato il non cercare successivamente un punto di incontro, il non aprire le stanze, non renderle comunicanti, continuando a tenere separati il genere maschile e quello femminile. Nonostante la terza ondata abbia fatto un passo avanti (e la quarta ancora di più), il femminismo separatista si ritrova anche ai giorni nostri. Infatti, come dice il mio amico, collega e filosofo femminista Lorenzo Gasparrini, sarebbe sempre meglio parlare di femminismi, usando il plurale, perché non esiste un solo femminismo, la questione è molto più complessa di così.

Ad esempio, il femminismo che io ritengo essere il mio femminismo è nato durante la terza ondata.

La terza ondata

La terza ondata femminista mi sta simpatica per più di una ragione.

Nasce negli anni '90 e influenza la musica del periodo, venendone reciprocamente influenzata.

Quando parlo di musica mi accendo, quindi farò del mio meglio per evitare una digressione manzoniana infinita sui gruppi femminili nati in quel periodo, ma un accenno bisogna farlo, se non altro per cultura generale.

L'obiettivo della terza ondata era quello di fare capire al mondo che le donne erano in grado di fare tutto ciò che faceva un uomo, anzi, erano in grado di farlo meglio.

Altro che separatismo, metteteci nella stessa stanza, vi faremo vedere noi. Sono anni caratterizzati da un'attitudine riot e punk. Sono gli anni delle fanzine stampate in bianco e nero e della musica grunge, del trucco pesante e dei look oltraggiosi. Sono gli anni in cui le Bikini Kill, band riot grrrl (sottogenere del punk rock caratterizzato da testi femministi, attivisti e politicamente impegnati), cantavano «*Rebel girl, rebel girl, rebel girl you are the queen of my world*».

Le donne cantavano, suonavano, si mangiavano il palco e parlavano di sesso, di violenza e di potere. Mettevano in musica la rabbia dell'essere una donna in una società che ti considera un essere inferiore, a metà tra un'incapace di intendere e di volere e un panda da salvare.

Io ci sono incappata a sedici anni, forse l'età migliore per scoprire questo genere musicale, quando la bassista della mia band mi propose una cover di *Sweet '69* del gruppo Babes in Toyland (che originariamente al basso vedeva una giovane Courtney Love). Non ci sono parole per descrivere la scompostezza di questa canzone, bisogna semplicemente ascoltarla e poi immaginarsi lì, negli anni '90, sotto al palco, in prima fila (dove spesso le ragazze venivano chiamate a prendere posto dalle stesse band, ad esempio i concerti delle Bikini Kill non cominciavano finché non c'erano "all girls to the front", come racconta bene Marzia D'Amico nel libro *Tutte le ragazze avanti!*, a cura di Giusi Marchetta).

Naturalmente, se eri una ragazza con un animo più pop e meno punk, c'era la soluzione anche per te.

Nel 1994 infatti sono nate le Spice Girls, il gruppo musicale tutto al femminile che ha venduto più dischi in assoluto (85 milioni). Insomma, in quel periodo di silenzio ce n'è stato veramente poco.

La battaglia più forte di quegli anni è stata quella per la parità salariale. Se io donna faccio lo stesso lavoro di un uomo, nella stessa azienda, devo percepire lo stesso stipendio. Spoiler: questa battaglia non l'abbiamo ancora vinta, ma ce ne occupiamo meglio nel capitolo riguardante le discriminazioni sul posto di lavoro.

Qui nasce quello che vi anticipavo essere il mio femminismo, che si chiama femminismo intersezionale. Fino a quel momento, infatti, si era parlato dei problemi delle donne, ma non di tutte le donne: solo di quelle di un certo tipo. Nello specifico delle donne bianche, della classe media, eterosessuali, abili, spesso credenti. E le donne di colore (nell'accezione americana del termine, cioè tutto ciò che non è bianco)? E quelle povere? Quelle a cui non piacciono gli uomini o non solo gli uomini? Quelle con disabilità? Quelle che non pregano? Intanto che combattiamo le nostre battaglie, vogliamo usare il nostro privilegio per dare visibilità anche alle battaglie delle altre?

L'intersezione è un incontro. Il femminismo intersezionale è convinto che ci sia un filo rosso che colleghi le diverse discriminazioni. Il sessismo, il razzismo, l'omofobia... sono collegati. Quindi perché trattarli come se fossero problemi lontani? Perché sprecare energie per distanziare qualcosa che è, nei fatti, concatenato? Perché è vero che una donna subisce un certo tipo di discriminazione, ma una donna nera subisce la discriminazione data dall'essere donna e la discriminazione data dall'essere nera. Possiamo provare a occuparcene? Non è che forse scopriamo che alcune di noi possono usare il proprio privilegio (ad esempio, essere bianche) per aiutare le sorelle di colore a combattere la battaglia contro il razzismo? Abbiamo avuto bisogno di stanze separate per snocciolare a fondo i problemi specifici, ora serve rientrare tutte (e tutti) in un'aula più grande, serve un'assemblea femminista in continuo fermento. Perché ci permette di guardare cose che non saremmo stati in grado di vedere solo con i nostri occhi. Perché spesso, se una discriminazione non ti colpisce personalmente, non ti rendi nemmeno conto della sua esistenza.

Il femminismo intersezionale dice due cose:

1. Le discriminazioni sono collegate tra loro, quindi uniamoci per combatterle
2. Per quanto tu sia discriminata (o discriminato), c'è qualcuno che sta peggio di te, quindi ricordati di aiutare anche lui nella sua battaglia, oltre a combattere la tua

Questo è, senza alcun dubbio, il femminismo nel quale io mi riconosco. Lo sento intimamente giusto ed è il motore che mi spinge a scrivere questo libro. Più di qualsiasi altra cosa.

La quarta ondata

Benvenuti nel presente, voi siete qui.

La quarta ondata è quella in cui ci troviamo ora e il messaggio è chiaro e semplice: invitiamo gli uomini in questa conversazione. Come abbiamo visto, il supporto e la partecipazione di chi ha più privilegi è un aiuto enorme quando si ha una battaglia da combattere. Per questo il femminismo dice: rendiamo chiaro agli uomini perché dovrebbero essere femministi, facciamo capire loro quanto sia importante il loro supporto. Qual è il problema? Perché non è così facile mettere in pratica questi propositi? Perché esiste il passato (e il presente). Tante donne si sono dichiarate femministe negli anni (e ancora si dichiarano femministe) portando avanti un'agenda misandrica. Insultando l'intera categoria maschile, senza provare a differenziare tra chi è in cattiva fede, chi combina pasticci senza accorgersene e chi prova (e riesce) a essere un vero alleato, un femminista convinto. Capite che non è semplice portare dalla propria parte qualcuno che per anni si è sentito trattato come un mostro. Certo, noi possiamo anche dire che quello è un tipo di femminismo che ha davvero poco degli ideali femministi, che i femminismi sono tanti e la nostra richiesta arriva da un femminismo intersezionale e aperto al dialogo, ma dobbiamo combattere contro un pregiudizio ormai ben radicato nella testa di tanti uomini. Il processo è lento e richiede tanta, tanta cultura.

Un metodo che sicuramente rende la strada leggermente più in discesa è parlare di come il femminismo faccia bene agli uomini, di quali siano le richieste che la società fa loro, riempiendoli di dubbi e pressioni, questioni di cui il femminismo si occupa e che prova da decenni a smantellare. Ecco perché un intero capitolo di questo libro è dedicato agli uomini. Ci arriveremo.

Se ci voltiamo indietro, troviamo questo.

Una storia complessa, fatta di strade che si sono divise, di idee che hanno portato a risultati concreti ma anche a correnti di pensiero diverse e qualche volta in antitesi tra loro.

Una storia fatta di donne, soprattutto, ma non solo (gli alleati c'erano anche nel 1800 – pochi, ma c'erano).

Da qui partiamo per chiederci: quali sono i problemi di cui si occupa oggi il femminismo? Quali sono le discriminazioni che combatte? Quali sono gli obiettivi che vuole raggiungere?

Mettiamoci comodi, abbiamo appena iniziato.

4

DISCRIMINAZIONI QUOTIDIANE

Alcune discriminazioni del presente le conosciamo perché sono spesso oggetto di dibattito o protagoniste della cronaca nera, altre potrebbero suonarvi nuove perché più subdole, nascoste dietro un velo di apparente normalità, così presenti nel quotidiano da essere diventate un sottofondo a cui nessuno bada più. Nonostante alcune siano più gravi di altre in termini di conseguenze, è importante combatterle tutte, perché quelle che ci sembrano più innocue sono terreno di coltura per quelle più pericolose.

Femminicidio

Questo è un termine che sentiamo spessissimo, soprattutto nei media tradizionali, e come tutte le volte che si dà una parola per scontata, si generano incomprensioni.

Quando si parla di femminicidio di solito sono due

le obiezioni che vengono fatte, una è tipicamente femminile e l'altra è tipicamente maschile. Cominciamo dalla prima.

Ad alcune donne non piace il termine femminicidio perché lo ritengono inutile. C'è già una parola che descrive l'uccisione di un essere umano: omicidio. E le donne sono esseri umani, quindi perché inventare una parola che specifichi il genere della vittima? Questo non ci ghettizza in qualche modo? Non è un po' come dire che le donne sono esseri umani ma di serie B e così dobbiamo trovare un'altra parola per descrivere l'omicidio di una donna?

Questo ragionamento è comprensibile ma parte da una convinzione errata, e cioè che il termine femminicidio indichi il genere della vittima. Non è così. Per femminicidio non si intende genericamente l'uccisione di una donna. Come racconta bene Giulia Blasi nel suo libro *Manuale per ragazze rivoluzionarie*, la parola femminicidio indica il movente, non il genere.

PILLOLA

Il termine "femminicidio" non indica il genere della vittima ma la ragione per cui è stata uccisa.

Il femminicidio è l'uccisione di una donna in quanto donna. Si parla di femminicidio ogni volta che una donna viene ammazzata per non aver rispettato lo stereotipo di donna, per non essere rimasta al suo posto, per aver voluto essere indipendente in un mondo che ci dice che le donne sono proprietà di qualcuno.

Se io devo dei soldi a un uomo e non glieli restituisco e questo mi ammazza, quello non è un femminicidio, è un omicidio e basta. La ragione per cui mi ha ammazzata non ha a che fare con il mio essere donna ma con il mio non aver saldato un debito.

Se invece lascio il mio ragazzo e lui non accetta questa cosa perché nella sua testa io sono "la sua donna", sono una sua proprietà e non posso, non devo, non ho il diritto di rifarmi una vita e mi aspetta fuori dal lavoro per darmi fuoco in macchina (vorrei che questo esempio fosse un'invenzione ma purtroppo è una dinamica realmente accaduta), quello è un femminicidio. La ragione per cui mi ha uccisa è da ricercare nel mio essere donna e nel mio non esserlo stata come lui pensava fosse giusto.

La seconda obiezione, tipicamente maschile, arriva dopo che si è compreso il significato del termine. «Ok, ma allora perché non esiste un termine per indicare l'omicidio di un uomo in quanto uomo?» La risposta suonerà banale, ma rispecchia le statistiche: perché non ce n'è bisogno.

Sono assolutamente certa che nel mondo ci siano stati uomini ammazzati per non essere stati abbastanza uomini, per non aver rispecchiato lo stereotipo del maschio alfa, per non aver saputo badare alla famiglia, per non essere stati sufficientemente forti (anzi, di solito si ammazzano da soli). Le aspettative riguardo ai generi colpiscono tutti i generi, non solo quello femminile, perciò non mi stupirebbe ascoltare una storia simile. Ma se dovessimo ascoltarla, potremmo permetterci di prendere del tempo per concentrarci su tutti i dettagli, poiché sarebbe un fatto eccezionale. Questo non lo renderebbe meno tragico, chiariamoci. Solo che, dato che non capita spesso, potremmo prenderci il lusso di spendere del tempo per parlarne a fondo.

In Italia i dati parlano di un femminicidio ogni tre giorni. Ogni tre giorni una donna viene ammazzata per non essere stata donna nel modo "giusto". Accade così spesso che abbiamo dovuto inventare una parola per parlarne in maniera concisa, dobbiamo parlarne così spesso che ci serviva un termine che riassumesse il fatto.

Maschicidio non è un termine utilizzato perché quando accade se ne parla nel dettaglio.

Prendo anche un momento per riflettere su quanto parlare di femminicidi o maschicidi sia lontano dal parlare di guerra tra i sessi, vorrei che fosse chiaro che il nemico è sempre uno: il patriarcato. Analizzando l'etimologia della parola, patriarcato significa "legge del padre". Cos'è quindi il patriarcato? È un sistema sociale che vede gli uomini in posizione di potere e controllo e le donne in posizione subordinata e dipendente.

Il patriarcato dice che gli uomini devono "fare gli

uomini", cioè essere forti, prendere decisioni, sottomettere, tenere a bada, proteggere. La nostra società è una società patriarcale, perché nonostante le donne abbiano acquisito più indipendenza, il pensiero comune è che ci sia un posto adatto ai maschi e un posto adatto alle femmine. I maschi lavorano, le femmine stanno a casa.

Se disobbedisci, vieni punito, vieni punita.

I maschicidi sono infinitamente meno dei femminicidi perché riguardano la metà del mondo che è in posizione di potere e che dunque è più difficile da toccare.

I maschicidi sono infinitamente meno dei femminicidi perché le donne stanno parlando da decenni di come poter modificare le cose anziché farsi trascinare da ciò che vuole la società, e quindi rispondono in maniera diversa ai problemi, perché stanno studiando le alternative.

Quando una donna viene uccisa perché donna o quando un uomo viene ucciso perché uomo, il mandante è sempre il patriarcato. Però sono anni che le donne dicono che va combattuto, perciò provano a dargli meno ascolto e ad agire meno in base alla "legge del padre".

Ovviamente non è semplice. Il patriarcato è nella vita di tutte, così come il maschilismo.

Si può essere donne ed essere maschiliste.

Se una madre dovesse trovarsi ad ammazzare la figlia perché questa ha divorziato dal marito per rifarsi una vita da sola, gettando disonore su tutta la famiglia, quello sarebbe un femminicidio.

Non è necessario essere uomini per commettere un femminicidio, è sufficiente essere maschilisti.

Non è una guerra tra sessi, è un problema di tutte e di tutti e va risolto insieme.

Però se metà della popolazione è rimasta indietro sulla teoria, dovrebbe certamente provare in primo luogo a mettersi in pari. Se la maggior parte degli uomini ancora non si è resa conto che il patriarcato sta facendo del male anche a loro (oltre a permettere loro di fare male alle donne), è da qui che dovremmo cominciare a discutere.

Rape culture

La letteratura e la teoria in materia di femminismo sono decisamente in lingua inglese e per poterne discutere si è scelto di mantenere i termini originali, ecco perché in questo libro leggerete molte parole straniere. Non è un eccesso di esterofilia, è che statisticamente ritroverete questi termini, quindi è utile conoscerli nella loro forma originale.

Ovviamente seguiranno sempre tutte le spiegazioni del caso, perché non parto dal presupposto che tutti conoscano l'inglese.

Per *rape culture* si intende la cultura dello stupro.

Cultura e stupro sono due parole che non andrebbero messe nella stessa frase, converrete con me. La cultura è quel bagaglio di informazioni e abitudini che manda avanti una società, lo stupro è (da Treccani) «un'azione volta a costringere un individuo a compiere o subire atti sessuali contro la propria volontà, mediante l'uso della violenza o della minaccia». Perché accostiamo questi termini?

Perché lo stupro è stato talmente normalizzato nei secoli da essere quasi diventato parte integrante della cultura.

PILLOLA

Viviamo in una cultura dello stupro perché una donna su tre è vittima di stupro. La maggior parte delle violenze è da parte di mariti, fidanzati, amanti. L'80% degli stupri non è denunciato.

Vi ricordate la domanda «siamo sicuri che vada bene così?», la domanda che dovremmo sempre farci? In Italia se la sono fatta nel 1996. Fino a quell'anno, infatti, lo stupro era considerato reato contro la morale e non contro la persona. Che cosa significava? Significava che chi avesse stuprato una persona sarebbe andato in galera non per aver commesso un reato contro quella persona (stuprandola, violandola nel suo intimo, togliendole la libertà di scegliere...) ma per non aver rispettato la morale pubblica, che dice che insomma, se si può evitare di stuprare è meglio.

Quando si parla di stupro e di donne stuprate (anche se sì, certo, vengono stuprati anche gli uomini, statisticamente però da altri uomini... indovinate chi è il mandante?), la scena che viene in mente è sempre simile ma profondamente inesatta: una donna cammina da sola in un vicolo buio e viene presa con la forza da uno sconosciuto che usa violenza su di lei.

Si parla invece di cultura dello stupro perché in realtà la maggior parte delle violenze sessuali avviene all'interno di relazioni amorose e a stuprare è il fidanzato, il compagno, il marito. Una donna su tre è vittima di stupro. Quindi se prendiamo cento donne, trentatré sono state stuprate, con ogni probabilità dal proprio compagno.

Ci sembra impossibile, perché non riusciamo a comprendere come uno stupro possa avvenire all'interno di una coppia che normalmente fa sesso. Non è sesso anche quello? Si può stuprare qualcuno con cui normalmente si fa sesso?

Questa è una domanda che anzitutto si pongono le vittime. Pensano di stare esagerando, di stare ingigantendo la cosa, forse è stato solo un po' brutale, forse pensava che mi piacesse, forse è colpa mia che l'ho provocato un po', anche se in realtà non mi andava di fare sesso stasera, probabilmente ha interpretato il mio «no» come un gioco a dovermi convincere, forse, probabilmente... E così, più dell'80% degli stupri non viene denunciato. Altro che una su tre.

Tra i diritti e i doveri dei coniugi c'è quello della

reciproca donazione della sessualità. Se questa cosa viene a mancare, si può fare domanda di separazione. Fino alla seconda metà degli anni '70, però, si poteva anche stuprare. Anzi, non veniva nemmeno chiamato stupro. Se quella è tua moglie, farci sesso è un tuo diritto, e se a lei non va, pazienza. Ecco perché la chiamiamo cultura dello stupro, perché ha fatto e fa ancora parte di noi come cittadini che vivono in una determinata società.

Victim blaming

Cosa accade però quando decidi di denunciare? Accade che cominciano a fare il terzo grado a te.

Se è stato tuo marito, sei sicura si sia trattato di stupro? Non è che magari stavate giocando e adesso ti vergogni a dire di aver fatto la parte di quella che non voleva perché la cosa ti eccitava?

Se è stato il ragazzo con cui sei uscita, non è che prima gli hai fatto intendere che sarebbe potuto accadere qualcosa?

Se è stato uno sconosciuto, tu come eri vestita? Hai fatto qualcosa per provocarlo? Ma dove stavi andando? Ma cosa ci facevi da sola in giro a quell'ora?

Questo comportamento in gergo tecnico si chiama *victim blaming*, colpevolizzazione della vittima.

Ci si concentra su cosa possa aver fatto la vittima per

agevolare il reato anziché su cosa sia saltato in mente a chi lo ha commesso.

Ti insinuano il dubbio che tu stia leggendo la realtà in maniera errata, che quello che tu chiami stupro altro non è che una normale reazione a quelli che sono stati i tuoi comportamenti.

Per dirla in altre parole, te la sei cercata.

Esiste qualcosa di più inumano del vedere una persona che soffre per aver subito una violenza e non trovare nulla di meglio da dirle di un freddo «Eh, però anche tu…»?

PILLOLA

Si punta il dito su chi ha subìto la violenza: che cosa ha fatto per essere aggredita? Dove si trovava e come era vestita?

Non ne faccio una questione femminista, ne faccio una questione umana.

Quando una persona racconta di aver subito uno stupro e/o di essersi sentita violata, lei quell'emozione la sta provando davvero. Che lei abbia provocato oppure no, ora si sta sentendo così. Cosa impedisce alle persone di avere come prima reazione di pancia un immediato «Mi dispiace»?

Inoltre, davanti a uno stupro, non c'è preliminare che tenga. Posso anche averti detto fino a un secondo prima che mi andava di fare sesso, ma se poi al momento di farlo mi sono resa conto di aver cambiato idea e l'ho detto, qualunque cosa tu abbia fatto poi contro la mia volontà è una tua responsabilità, è un reato, e il terzo grado dovrebbero farlo a te.

E invece nella realtà non funziona così, perché se ti prendono in un vicolo è comunque colpa tua che stavi girando da sola, ma almeno a qualcuno viene da dire "poverina però". Se invece eri in atteggiamenti intimi con un ragazzo, magari conosciuto la stessa sera, nessuno crederà allo stupro, perché se eri lì con lui significa che sei una facile, che ti piace. Lo diciamo? Lo diciamo: che sei un po' troia.

Slut shaming

Mentre agli uomini è concesso esplorare la propria sessualità in più modi, quando si parla di donne gli esempi sono solo due: o sei Maria o sei Maddalena. Da secoli e secoli, ineluttabilmente, o sei una santa o sei una puttana.

In realtà la dinamica è ancora più complessa, perché moltissimi uomini vogliono entrambe le figure nella stessa persona: in pubblico devi essere morigerata, poco appariscente e tranquilla, ma poi in camera da letto devi trasformarti in una dea del sesso che non ne ha mai abbastanza.

Gli uomini hanno manifestato questo desiderio in molti modi, soprattutto nella musica. Un esempio su tutti è la frase «*We want a lady in the street but a freak in the bed*» («vogliamo una signora per strada ma una pazza a letto»), rappata da Ludacris in *Yeah!* di Usher.

Le cose stanno così: tu donna devi essere una bomba del sesso e fare cose che non troveresti neanche nei peggiori siti porno, ma solo con il tuo uomo e senza parlarne con nessuno. Pubblicamente devi essere una figura angelicata, una vergine, una santa. Praticamente alcuni uomini cercano una pornostar con nessuna esperienza pregressa, un ossimoro.

Cosa succede se invece manifesti la tua sensualità in pubblico? Cosa accade se fai notare che la tua bravura a letto è frutto di allenamento? Insomma, che cosa rischi se fai capire che sei una donna che fa sesso quanto vuole, come vuole e con chi vuole? Rischi di essere messa alla gogna. Rischi di essere vittima di *slut shaming*. *Shame* significa vergogna, imbarazzo, peccato. *Slut* è un altro modo per dire troia. Chi fa *slut shaming* fa vergognare le donne per la propria sessualità, sostenendo l'esistenza di una correlazione tra la quantità di sesso che una donna fa e la sua morale, la sua credibilità, la sua affidabilità, la sua serietà. Questo perché certi uomini fanno ancora molta fatica ad accettare che una donna possa fare sesso per il proprio piacere e non per quello maschile. Eppure, le donne fanno sesso per il gusto di farlo da ben prima che in televisione arrivasse Samantha Jones di *Sex and the city*, è solo che non potevano dirlo.

INSULTI SESSISTI E DOPPIO STANDARD

Quando parlavamo di come il personale sia politico o lo possa diventare, vi raccontavo della scelta di eliminare dal mio vocabolario tutti quegli insulti (riservati alle donne, guarda caso) che all'origine hanno un rimando al sesso: troia, puttana, zoccola eccetera.

PILLOLA

La società valuta il parlare di sesso con un doppio standard, a seconda che a farlo sia un uomo o una donna.

Fateci caso, sono il modo più gettonato di insultare una donna e li usano tutti, uomini e donne.

Sembra una sciocchezza, ma in realtà questi insulti continuano a ricordarci che fare sesso, per una donna, è sbagliato. Naturalmente il corrispettivo maschile non esiste, non solo perché un uomo che fa molto sesso di certo non viene insultato (anzi), ma perché la vita sessuale degli uomini non è qualcosa di cui si debba discutere pubblicamente, a meno che non sia il diretto interessato a mettere sul tavolo l'argomento, solitamente però per vantarsene.

Ed ecco che incappiamo in un altro problema che

il femminismo ha sollevato: quello del doppio standard (*double standard*). La stessa cosa viene valutata in maniera diversa, persino opposta, a seconda che a farla sia un uomo o una donna. Sei un uomo che ne cambia una a sera? Sei un grande, un seduttore, un *tombeur de femmes*. Sei una donna che ne cambia uno a sera? Troia.

Questo è sessismo e – come detto – sessisti si nasce. O meglio, lo si diventa molto presto immersi in questa società, tanto presto da non saper più dire come fossimo prima.

Quante donne avete sentito insultare altre donne usando queste parole? Innumerevoli, ve lo dico io. Lo ripeto, io stessa per anni, per decenni, ho insultato le altre donne in questo modo.

Ecco, credo che anzitutto possa essere utile fare un lavoro "interno". Cominciare a dirsi: «Proverò a non insultare più un'altra donna usando certi termini, perché contribuirei ad avvalorare la tesi secondo cui una donna sessualmente attiva è una donna amorale e questo danneggia anche me come donna». È semplice? Per niente. È un'abitudine dura da smantellare? In moltissimi casi. Vi capiterà di farlo ancora? Probabile. Sono delle buone ragioni per non provarci? Rispondere sta a voi.

BATTUTE SESSISTE: E FATTELA UNA RISATA!

Qui invece è il caso di fare un lavoro interno ed esterno, dipende dai punti di vista.

La maggior parte delle battute sessiste (quelle dove si

ride delle donne appigliandosi ai più beceri stereotipi) le sentiamo da uomini. Non che le donne non facciano battute sulla controparte maschile, badate bene, è solo che le donne cabarettiste sono meno, spesso perché non sono prese sul serio nel campo della comicità – soprattutto quella non mainstream – e dunque hanno meno spazio per esibirsi e le sentiamo meno.

Le battute sessiste, così come gli insulti, contribuiscono a rafforzare gli stereotipi.

Le donne non sanno guidare, mia moglie combina solo danni, conosco un modo per farla stare zitta... Questo tipo di comicità (anche piuttosto scontata) fa danni, perché normalizza qualcosa che invece ha conseguenze problematiche. Perché se posso ridere di uno stupro (pensate a quante volte comici scarsi ipotizzano di infilare a forza il loro pene nella bocca di una donna per farla tacere), poi mi ritroverò a indignarmi meno quando accadrà davvero (e cioè a una donna su tre, mi preme ricordarvelo).

Questo non significa che ci siano temi intoccabili o che non si possano fare battute su tutti gli argomenti. Lo stupro può essere uno spunto per fare battute esilaranti, ma devi saperlo fare e/o devi essere nella posizione di potertelo permettere.

PILLOLA

Le battute sessiste, così come gli insulti, contribuiscono a rafforzare gli stereotipi.

Una battuta funziona quando se la prende con chi è in posizione di potere o quando chi la dice fa parte della categoria che si sta prendendo di mira.

Personalmente, la mia battuta preferita sullo stupro l'ha fatta la comica Sarah Silverman, parlando proprio di battute sullo stupro, creando un effetto matrioska che alcuni comici uomini italiani dovrebbero passare giorni a studiare.

Lei dice: «Lo stupro è ovviamente un crimine orrendo, ma le battute sullo stupro sono uno spasso. Perché fanno sembrare molto cool e pericoloso il comico che le fa, e la verità è che è l'argomento che dà meno problemi nella comicità, perché chi mai denuncerebbe una battuta sullo stupro? Cioè, mi verrebbe da dire le vittime di stupro, ma si sa che loro non denunciano».

Se state ridendo, non siete delle brutte persone, avete solo letto una battuta con tutti i crismi.

Il focus della battuta è posto sul fatto che normalmente gli stupri non vengono denunciati e questo è un bell'incentivo per chi ha intenzione di stuprare. La battuta prosegue (la versione originale è più lunga di così) citando anche il senso di colpa delle vittime, dato dal *victim blaming* di cui abbiamo parlato qualche pagina fa. Silverman non usa le vittime di stupro per fare ridere, ma la dinamica malata che si instaura a livello sociale quando se ne parla. In più, è più facile ridere di questa battuta se a farla è una donna, perché statisticamente rischia di essere stuprata più di un uomo, potrebbe rientrare con maggiore probabilità in quella categoria. Per la stessa ragione si ride più facilmente di una battuta a sfondo razzista quando a farla è una persona non bianca, perché in qualche modo è lei stessa parte di quella battuta (e perché, sempre statisticamente, avendo sentito tante battute razziste scritte male, in cui la punchline era la persona di colore, probabilmente è anche più attenta a non "usare la vittima" per fare ridere, giacché è stata spesso vittima in prima persona).

Ma questo non significa che si debba essere per forza donne per fare battute sullo stupro, o persone di colore per fare battute sulle etnie, si può anche essere uomini bianchi, basta essere bravi.

Il comico Ricky Gervais (che qualche battuta problematica comunque l'ha fatta...), parlando di stupro ha detto: «Certo che si possono fare battute sullo stupro, dipende dalla battuta. Una persona una volta mi ha scritto un tweet dove diceva "Riderò a una battuta sullo stupro quando saprò che nessuno nel pubblico è stato stuprato" e io le ho risposto solo "Che strana selezione all'ingresso"». Forse, se non ridiamo a una battuta, non è perché non sappiamo farci una risata, ma è perché la battuta è scritta male.

E se già chi fa il comico di professione ha difficoltà a fare ridere, immaginiamoci quanto può essere facile sentire una battuta scarsa quando siamo con gli amici, che di lavoro si occupano di tutt'altro.

Cosa succede in quelle situazioni? Cosa ci rispondono quando diciamo che non ci è piaciuto quello che hanno detto? "E fattela una risata!". Ci prescrivono un comportamento per togliersi dall'imbarazzo, spostano il problema su di noi che evidentemente non abbiamo il senso dell'umorismo, anziché domandarsi se il problema sia loro.

Mi intristisce pensare a quante occasioni vengano sprecate in questo modo, quando sarebbe così semplice chiedere: «Perché non ti ha fatto ridere?». Immaginate che lunghe conversazioni ci troveremmo a fare, quanto potremmo uscirne arricchiti tutti quanti, se solo partissimo dal presupposto che se quella persona non ha riso avrà i suoi buoni motivi, questo non significa che io sia un mostro per aver fatto quella battuta, magari è davvero problematica ma io non lo so o non me ne sono reso conto, forse può spiegarmelo lei, così la prossima volta posso pensarne una migliore, che faccia ridere senza rischiare di ferire qualcuno.

In realtà, la maggior parte delle volte non si arriva neanche al primo step, perché chi ascolta una battuta sessista spesso finge una risata di convenienza per non dover iniziare a questionare, per non sentirsi attaccato o sminuito, per non passare per il rompiscatole della situazione. C'è un termine anche per questo, in inglese queste persone si chiamano *feminist killjoy*, femministe guastafeste. Noi stavamo ridendo e poi è dovuta arrivare lei a farci la morale. E siccome è stancante passare sempre per quella pesante, molto spesso lasciamo perdere.

Sapete quando le cose diventeranno più semplici? Quando saranno gli uomini a dire ai loro amici che quella battuta è solo offensiva e non fa ridere. Quando cioè gli uomini decideranno di diventare dei femministi guastafeste, provando a educare al femminismo dall'interno. Questo concetto è importante, ci torneremo.

Revenge porn

Stando alle definizioni standard, per *revenge porn* (o pornovendetta), si intende la condivisione pubblica di immagini o video intimi tramite internet, senza il consenso del o della protagonista degli stessi. E secondo diverse indagini, una donna su cinque tra i 18 e i 55 anni ne è vittima.

Parlando di *revenge porn*, sono due i punti che mi preme trattare.

Il primo punto è breve ma non si può non citare: quando viene messo in rete un video che ritrae una persona in atteggiamenti intimi, si tratta di una violazione dell'intimità in ogni caso, non importa il genere della vittima. Un uomo o una donna possono provare la stessa sensazione di imbarazzo, mancanza di rispetto e violenza psicologica subita. Ma la gente che vede il video reagisce in modo molto diverso a seconda che il soggetto sia un uomo o una donna. Perché, come abbiamo visto, un uomo che fa sesso è un figo, non ha niente di cui vergognarsi. Al massimo gli "battono il cinque", lo chiamano "bomber". Una donna che fa sesso, invece, è una poco di buono. E se si è fatta filmare mentre "faceva la porca", se lo merita che il video diventi pubblico. In altre parole, dette e ridette, se l'è cercata (ed ecco di nuovo il *victim blaming* che ritorna). E questo ci porta dritti al secondo punto che ho detto avrei trattato.

Qualche tempo fa, parlando di *revenge porn* su Facebook, una donna ha commentato: «Io non mi farei mai filmare in atteggiamenti intimi». Come a dire: io ho una morale, certe cose non le faccio, e per questo non rischio di trovarmi in certe situazioni.

La prima cosa da ribadire è che fare sesso, tra adulti consenzienti, non è un crimine. E nel 2020 è davvero l'ora di smettere di giudicare la morale, la serietà e l'intelligenza di una donna sulla base del numero di partner che ha o della quantità di sesso che fa o di come decide di fare sesso.

Dopodiché, il fatto che tu non lo faresti, non significa che chi lo fa si meriti un trattamento del genere, o che non sia un tuo problema. È un po' come dire: «Io non mangio sushi, quindi chissenefrega se alcuni ristoranti servono pesce avariato, tanto a me non potrebbe mai capitare di stare male».

Una donna è libera di filmarsi mentre fa sesso, per

il suo piacere, per riguardarsi dopo, per mandare il video al partner o a chi vuole (avendo prima chiesto il consenso). Il fatto che il video venga inviato a una persona non significa che poi quella persona possa farne ciò che vuole, perché vi ricordo che firmiamo liberatorie per molto meno. Giusto per essere ancora più chiara: la stessa cosa vale anche per una pornostar. Cioè, se una donna che di lavoro si filma mentre fa sesso e poi mette i video in rete, per una volta decide di filmarsi non per lavoro ma nel privato con il proprio partner e poi di mandare il video al partner, quel video non può diventare pubblico, perché per quel video nello specifico lei non ha dato il consenso, anche se nella vita di lavoro si filma mentre fa sesso e poi mette i filmati in rete. E se una persona ha inviato il video a qualcuno, o si è fatta filmare da qualcuno in una situazione privata, senza dare il consenso a far diventare il video pubblico, ha diritto a essere tutelata dalla legge e a essere protetta da un eventuale linciaggio (peraltro, linciaggio per cosa? Per essersi fidata della persona sbagliata?).

Purtroppo questo è un libro, non vi ho fisicamente davanti, perciò non posso fare questa domanda guardando in diretta la risposta, ma se chiedessi di alzare la mano a tutti quelli che si sono filmati in atteggiamenti intimi, si alzerebbero un bel po' di mani. Per dire, io la alzerei.

Questo non dice nulla di noi. Non ci impedisce di

essere intelligenti, impegnati politicamente, con una forte etica, disposti a lottare per i diritti nostri e degli altri, attivisti, precisi, rompiscatole.

Noi siamo esseri umani e in quanto esseri umani abbiamo un valore infinito. E se qualcuno viola il nostro privato, dobbiamo essere sostenuti e protetti. Le tante donne che si sono tolte la vita dopo essere state vittime di *revenge porn* erano esseri umani e in quanto esseri umani avevano un valore infinito. Andavano sostenute e protette e invece le abbiamo lasciate morire.

A cosa serve il femminismo? A salvare la prossima.

Body shaming

Fare *body shaming* significa fare vergognare una persona per il proprio corpo, insinuando più o meno velatamente che non vada bene e che non stia rispettando i canoni di bellezza imposti dalla società. Perché sì, non è bello ciò che è bello ma è bello ciò che piace, ma fino a un certo punto.

Sappiamo bene cosa viene considerato bello, quasi come fosse oggettivo, e cosa no.

Sei slanciata, con un bel seno e un sedere sodo, un viso simmetrico e dei lunghi capelli? Ci piaci.

Sei alto, muscoloso, con i peli sul petto ma la schiena liscia e la barba che cresce in maniera uniforme? Vai bene.

Tutto ciò che si discosta da queste descrizioni viene messo in discussione.

Il *body shaming* colpisce tutte e tutti, provate a essere un uomo basso o grasso e vedrete gli sguardi e i commenti che vi riserveranno. Nonostante questo, però, gli uomini con dei corpi non conformi hanno comunque un privilegio: sono uomini e quindi hanno una via d'uscita. Se ti considerano brutto, certo potranno farti dei commenti poco gentili e certo la cosa potrà farti stare molto male, ma ti rimangono comunque altre possibilità. Giusto per fare un esempio, la televisione è piena di uomini considerati brutti. Hanno comunque la loro chance di fare qualcosa, perché anzitutto è richiesto loro di performare in quanto uomini, quindi essere competenti, sagaci, brillanti, presenti.

Ancora oggi, dopo tre ondate di femminismo, la più grande richiesta che viene fatta alle donne è invece quella di essere belle. Sembra quasi che le donne siano obbligate a essere belle ("debbano bellezza"), per poter essere rispettate. Non è un caso che, sempre in tv, le donne abbiano spesso la funzione di soprammobile, di velina, letterina, paperina... E anche quando hanno ruoli più corposi, devono anzitutto mantenere alto lo standard di piacevolezza. Quante giornaliste competenti vediamo che passano comunque dalla chirurgia plastica? E se vuoi farlo per te stessa, ben venga. Se invece sei in qualche modo costretta a farlo per continuare a lavorare, lì diventa un problema. La "bella presenza" sul lavoro è richiesta (più o meno esplicitamente) soprattutto quando si cerca una donna, anche se il lavoro di per sé non ha nulla a che fare con il beauty. E certo, esistono anche donne che hanno fatto carriere di tutto rispetto pur venendo considerate brutte, ma quando qualcuno cerca di delegittimarle che tipo di insulti usa? Ovviamente quelli che si riferiscono al suo non essere attraente.

PILLOLA

Sembra quasi che le donne siano obbligate a essere belle ("debbano bellezza") per poter essere rispettate. Ma siamo sicuri che sia giusto così?

La donna deve essere bella, è un suo dovere. Se non lo è, possiamo permetterci di trattarla male.

Chiedete alle donne che non rispettano i canoni di bellezza quante volte si siano sentite poco considerate solo per come apparivano all'esterno. Quanti "cessa" e "cozza" hanno dovuto ascoltare come insulti. Quando si vuole ferire una donna, si parla del suo aspetto fisico, perché si sa che si va a toccare un tasto dolente. Perché se sei meno bella sei automaticamente meno donna. Questo è meno vero per gli uomini, che invece sono presi in giro per la loro mancata virilità o i loro scarsi successi perché l'uomo deve essere forte e prevaricatore, mentre la donna deve farsi conquistare (e dunque essere considerata sufficientemente bella per fare la fatica di conquistarla). Ancora una volta, indovinate chi è il mandante?

La bellezza è strettamente legata al peso.

Devi avere i chili giusti al posto giusto, altrimenti non vai bene. Questo vale nel caso tu sia troppo magra e anche nel caso tu sia troppo grassa (nuovamente, uso il femminile perché la bellezza è anzitutto richiesta alle donne, ma naturalmente un uomo molto magro o molto grasso viene preso di mira allo stesso modo, solo che – come detto prima – ha altre possibilità).

Se sei magra non ti vogliono perché una donna bisogna poterla toccare, perché un seno piatto non è sexy, perché le ossa che sporgono fanno impressione. Immediatamente pensano di conoscere le tue abitudini alimentari e ti dicono di mangiare perché sei anoressica. Magari mangi l'inverosimile ma non ingrassi, questo loro non lo possono sapere, ma certo non si prendono la briga di chiedertelo. E se invece soffri davvero di un disturbo alimentare, saranno sicuramente le prese in giro a curarti, senza dubbio.

Se sei grassa sei una balena, sei informe, non sembri una donna, fai schifo. E soprattutto non ti vuoi bene, perché sei una pigrona che non fa altro che mangiare schifezze tutto il giorno, dovresti davvero darti una regolata, e guarda che io lo dico per la tua salute.

Essere vittime di *body shaming* è orrendo, perché vieni presa di mira per qualcosa che non puoi cambiare (o comunque non in tempi brevi). Non hai una via d'uscita se non quella di nasconderti come puoi. Se ti prendono in giro per i tuoi vestiti, puoi sempre indossarne degli altri, ma il corpo non lo puoi lasciare a casa. È una sensazione tremenda, sia che tu sia considerata troppo magra sia che tu sia considerata troppo grassa.

Ciononostante, se sei considerata troppo magra hai comunque un privilegio (*thin privilege*).

Mi preme ricordarvi che avere un privilegio non significa avere necessariamente una bella vita o non essere discriminati; significa solo che nella classifica degli sfortunati non si può dire di essere all'ultimo posto.

Per quanto una ragazza magra possa essere presa in giro e ciò possa farla stare male (e abbia tutto il diritto di lamentarsene), per la società sarà sempre preferibile essere sottopeso che essere sovrappeso. Il business delle diete è immenso, continuano a parlarci di nuovi modi per perdere peso, le taglie dei vestiti sono sempre più piccole, le modelle che li indossano sempre più magre. Troppo magro non va bene, ma troppo grasso è inaccettabile.

Le persone grasse spesso non ottengono i posti di lavoro per cui fanno i colloqui, perché il grasso porta con sé una serie di pregiudizi, primo fra tutti la pigrizia. Se sei grasso è perché sei pigro, dunque sarai svogliato anche sul lavoro, dunque non ti assumo. Spesso alle persone grasse i medici sbagliano le diagnosi, perché qualsiasi problema viene attribuito al peso (potremmo aprire tutto un discorso sulla differenza tra correlazione e causalità...) e non sono prescritti i controlli che invece verrebbero suggeriti a una persona normopeso. Se sei molto grasso e devi prendere un volo, non è detto che tu riesca a viaggiare perché le compagnie aeree non sempre prevedono cinture di sicurezza della tua misura.

In più, nei confronti delle persone grasse c'è un forte sentimento di rabbia, come se fosse colpa loro. Se sei grasso è perché hai deciso di diventarlo, quindi ora ti meriti questo trattamento.

Appurato che spesso essere grassi non è una scelta ma una condizione, se invece fosse una scelta... sarebbe una buona motivazione per trattare una persona come se non fosse un essere umano? Giustificherebbe tutta quella cattiveria?

Esiste un movimento che si occupa di questo argomento, è il movimento *body positive*, ma recentemente ha perso il suo significato iniziale, quindi forse è il caso di fare un ripasso.

COS'È DAVVERO LA *BODY POSITIVITY*?

Nell'era di Instagram, l'hashtag #bodypositivity sta spopolando e anche i brand hanno cominciato a cavalcare quest'onda. Il problema sta qui: quando si decide di capitalizzare un movimento politico, lo si semplifica con l'obiettivo di renderlo più appetibile, fino a fargli perdere lo scopo iniziale.

Online e nelle campagne di marketing, quando sentiamo parlare di *body positivity* il messaggio ha sempre a che fare con l'amore verso se stessi e il vedersi belli. «Ehi, sei bellissima come sei».

Ovviamente va bene aiutare le persone a sviluppare autostima e dire che non c'è un solo modo di essere belli, ma qui non si parla di questo.

La *body positivity* non nasce per dire a una ragazza taglia 48 che si può essere belle anche se si è *curvy*. Il messaggio della *body positivity* è molto più scomodo di così (anche se, tra i tanti effetti, c'è anche quello di far sentire bella una ragazza taglia 48, perché no).

La *body positivity* dice che ogni corpo merita rispetto, non importa se non è bello. Tu come essere umano meriti rispetto anche se non rispecchi l'ideale di bellezza canonico. Tu come essere umano meriti rispetto anche se sei il primo a non vederti bello. Non è una questione di bellezza, è una questione di umana decenza.

Nessuno ha il dovere di piacersi e piacere, ma tutti hanno il diritto di rispettarsi ed essere rispettati. Questo dice il movimento, che infatti è un movimento politico e non uno slogan da usare per aumentare il fatturato di qualche azienda che crea linee di vestiti "*body positive*" con le taglie che arrivano fino alla L.

Un movimento nato da donne grasse, di colore e spesso non eterosessuali. Relegarlo a frasetta motivazionale è mancare di rispetto a tutte le persone che per decenni si sono battute affinché questa enorme discriminazione cessasse. La prossima volta che vedrete questo termine associato a una qualsiasi campagna all'acqua di rose che tenta di vendervi qualcosa facendo leva sul bisogno di piacersi e piacere, siate dei femministi guastafeste.

Sessismo benevolo

Abbiamo visto diversi esempi di sessismo plateale, quello dove le donne vengono trattate peggio degli uomini per il solo fatto di essere donne, quello che fa capire come le donne siano considerate inferiori, meno importanti, meno e basta.

Esiste però un altro tipo di sessismo, molto più subdolo, che all'apparenza sembra quasi a favore delle donne, ma che in realtà genera diversi problemi.

Sto parlando del sessismo benevolo, cioè di tutti quei comportamenti che alla base hanno l'idea che la donna sia una figura angelicata, un fiore delicato, un gioiello da ammirare, una creatura da proteggere… è o non è il "sesso debole"?

Il problema è che se qualcosa ha bisogno di essere protetto significa che da solo non è in grado di farlo.

Un esempio di sessismo benevolo è sicuramente la cavalleria.

CAVALLERIA

I classici gesti che ci vengono in mente quando parliamo di cavalleria sono grossomodo sempre gli stessi: lui le apre la portiera, lui le versa l'acqua a tavola... Qualche persona potrebbe comprensibilmente trovare assurdo che ci si ritrovi a essere infastidite da un comportamento del genere. «Ma insomma, con tutti gli uomini che ci trattano male, ci lamentiamo quando ne troviamo uno gentile?» Per provare a fare chiarezza, dunque, può essere utile fare una differenza tra cavalleria e gentilezza, poiché non sono sinonimi.

Per capire se siamo davanti a un gesto educato o a un modo come un altro per ricordare alla donna che non è in grado di cavarsela da sola basta porsi due domande.

Domanda numero 1: avrebbe aperto la portiera/versato l'acqua anche a un suo amico?

Domanda numero 2: accetterebbe che fosse una donna ad aprirgli la portiera/versargli l'acqua?

Se la risposta a entrambe le domande è sì, siamo davanti a un caso di "uomo gentile" e in questo caso, personalmente, lo ringrazio per il gesto e apprezzo la considerazione avuta nei miei riguardi.

Se la risposta è no, siamo davanti a un caso di "uomo sessista". Se non verseresti l'acqua a un tuo amico significa che per te quel gesto non ha la funzione di favore, di gentilezza. È solo un modo come un altro per ricordare chi detiene il potere, chi comanda, chi ha bisogno di chi. Non ti viene spontaneo farlo con un uomo perché il rapporto fra voi è paritario, non accetteresti che a farlo a te fosse una donna perché non pensi che sia quello il suo ruolo. (Ovviamente, questo ragionamento può essere – e in molti casi è – totalmente inconsapevole.)

La cavalleria prevede un cavaliere, un cavaliere prevede una damigella in pericolo. Il rapporto non è paritario, ci sono un salvatore e qualcunA da salvare.

Il rovescio di questa medaglia lo si vede nel momento in cui una donna reclama la propria indipendenza, perché per ogni portiera aperta c'è la convinzione che lei da sola non possa farcela, e che in fondo non debba farcela, perché la società ci dice che è l'uomo a dover badare alla donna, lei deve esserne grata e non creare problemi. Se ricordi a un uomo che ce la fai benissimo anche da sola e che quindi sarebbe il caso che la smettesse di trattarti come una specie protetta, stai creando problemi. Stai mettendo in discussione convinzioni secolari, e questo al sistema non piace (la paladina di questo comportamento è sicuramente Megara nel cartone Disney *Hercules*: «Sono una donzella, sono in difficoltà, me la cavo da sola, buona giornata!»).

Viene spontanea una domanda: che fare se un uomo ti apre la portiera, dato che nessuno gira con un cartello luminoso che suggerisce se il comportamento rientra nella CAVALLERIA o nella GENTILEZZA?

Non esiste una risposta che vada bene per tutte. Personalmente io nel dubbio ringrazio, ma drizzo le antenne. Presto attenzione ai discorsi di quell'uomo e se sento dei pensieri sessisti capisco che con ogni probabilità quel gesto non era una carineria nei miei confronti ma l'ennesima indicazione circa il mio ruolo nella società. La prossima volta, insisterò per aprire io la portiera. Se ci sarà occasione, porrò la questione direttamente. Se non ne avrò voglia e potrò permettermi di farlo, eviterò di frequentare ulteriormente quella persona.

Il femminismo si fa anche un po' alla volta e con i mezzi che si hanno a disposizione.

MANSPLAINING (O MINCHIARIMENTO)

«Signorina, lasci che le spieghi...»

Una volta ero a una cena di lavoro, una di quelle a cui si va per fare pubbliche relazioni e cercare nuovi contatti (una di quelle dove di solito do il peggio di me perché, semplicemente, non sono capace).

Un dirigente di sessant'anni mi ha chiesto che lavoro facessi e gli ho raccontato di occuparmi di parità, nello specifico di parità di genere. Mi ha domandato in cosa consistesse il mio lavoro e gli ho risposto che in quanto formatrice spesso mi ritrovo nelle aziende a parlare di diversity e a sensibilizzare le persone su questi temi, attraverso statistiche ed esempi. È stato in quel momento che mi ha interrotta per spiegarmi quanto la situazione nel mondo del lavoro sia vergognosa, perché le donne vengono pagate meno degli uomini, perché «non so se lei sa che...».

Questo modo di fare prende il nome di *mansplaining*,

dall'unione di man (uomo) e to explain (spiegare). In italiano è stato magistralmente tradotto con «minchiarimento».

Chi lo attua dice di farlo per aiutarti, perché tu scopra qualcosa, per chiarirti il punto.

In realtà è un atteggiamento paternalistico che parte dal presupposto che le donne, per il solo fatto di essere donne, ne sappiano meno, abbiano bisogno di essere edotte. Di nuovo, si può fare *mansplaining* senza esserne consapevoli, senza avere quell'intenzione. A me uomo hanno raccontato talmente tanto che le donne da sole non ce la fanno, che mi viene automatico mettere in atto certi comportamenti, senza nemmeno rendermene conto. Ciò non toglie che l'effetto prodotto sia fastidioso, perché dovere interagire con qualcuno che vuole spiegarti cose in cui tu sei esperta (e lui lo sa) mette a dura prova la pazienza.

Quando si parla di *mansplaining* si obietta che noi donne siamo veramente esagerate a voler trovare una parola per un atteggiamento che ha già un termine per descriverlo: arroganza. Se mi spieghi una cosa partendo dal presupposto che io non la sappia – nonostante si riferisca al mio lavoro – sei arrogante. Che bisogno c'è di trovare un nome per l'arroganza maschile?

Ce n'è bisogno dal momento in cui quegli stessi uomini non spiegano le cose in maniera arrogante ad altri uomini. Se ti comporti così solo con le donne, non sei (solo) arrogante, sei (anche) sessista.

Il termine *mansplaining* non si riferisce a uomini

che spiegano con arroganza le cose, ma a uomini che le spiegano con arroganza solo alle donne, dall'alto del loro essere uomini.

Le vere donne

Come ultima discriminazione che le donne subiscono nella vita di tutti i giorni ho deciso di occuparmi di una figura mitologica che nessuno ha mai visto davvero ma di cui si parla fin troppo spesso: la vera donna.

Questa è la classica discriminazione che agiamo spesso e volentieri all'interno del nostro stesso gruppo, cioè fra donne.

Naturalmente l'elenco di caratteristiche che una donna deve avere per essere considerata "vera" è stato stilato dal patriarcato molto tempo fa. Ma anche moltissime donne seguono pedissequamente quella lista, perché – come abbiamo già avuto modo di vedere – non è necessario essere uomini per essere maschilisti.

La vera donna non rinuncia alla propria femminilità, si cura e si fa bella per il suo uomo, conosce il valore della famiglia e si sente a proprio agio a casa a badare ai figli, sa stare al proprio posto e capisce quando è il caso di parlare e quando no; se soffre lo fa in silenzio per non dare fastidio e se gioisce lo fa in maniera morigerata, poiché deve comunque mantenere compostezza ed eleganza. La vera donna è quella che vede la sessualità solo come una questione di coppia, un servizio da elargire, che ha come obiettivo principale la soddisfazione del bisogno maschile. La vera donna è madre e moglie, ancor prima di essere donna.

È quello che ci hanno raccontato per secoli e coloro tra noi che si sono discostate da questa descrizione ne hanno pagato le conseguenze, nei modi più disparati. Anzitutto, sono state giudicate sbagliate dallo sguardo maschile. Ed è questo che porta moltissime donne a essere le prime a sostenere questa idea di "vera donna": il timore di essere classificate come "meno donne" da un uomo. Il bisogno di piacere a quella parte di mondo che detiene il potere è tale da creare competizione all'interno del proprio gruppo e puntare il dito contro le altre, per evitare che qualcuno da fuori lo punti contro di noi. Giulia Blasi chiama queste donne le "poliziotte del patriarcato", una preziosissima arma a disposizione del patriarcato stesso per continuare a sopravvivere.

Deve essere chiaro che non si tratta di donne cattive, ma di donne che non si sono ancora rese conto di essere dentro un sistema che pretende certi comportamenti, limitando di fatto la libertà.

Cosa succede a questo punto? Cosa succede quando una donna dice a un'altra donna che "così non va bene"? Succede che si crea una faida interna dove ognuna pensa di essere la "vera donna".

Perché se sono stata sgridata e presa in giro per non essere la casalinga perfetta, finirò per dire che la vera donna è invece quella indipendente, che non ha bisogno di un uomo, che sa stare da sola, che vive la sua sessualità liberamente, che non sacrificherebbe mai la carriera per la famiglia, e così via. Poverette voi, che volete sottostare a delle richieste maschiliste e retrograde, siete la vergogna del genere femminile.

Così facendo, ci si fa la guerra tra di noi. Continuando a dire che esiste una "vera donna" (per quanto le caratteristiche possano variare da persona a persona), si sprecano energie discutendo su quale tipo di donna sia meglio e non ci si concentra sul problema reale: qualcuno ci ha convinte che il concetto di "vera donna" esista, e ci guarda, e ride mentre ci affanniamo a decidere chi sia meglio anziché prestare attenzione alle cose che ci accadono attorno, mentre discutiamo.

Ancora una volta, chissà chi è il mandante.

La vera donna non esiste, è un concetto che non ha alcun fondamento.

La tendenza a far sì che ce la si prenda con le altre anziché coalizzarci per combattere chi ci ha messe in questa situazione, quella sì che esiste. Eccome se esiste.

LE DONNE CHE NON VOGLIONO FIGLI

Per circa un anno ho lavorato a stretto contatto con una signora di ottantadue anni, quindi una persona con un certo retaggio culturale, non particolarmente incline alle novità, molto legata alla tradizione.

Ricordo di essere andata al lavoro l'8 marzo, Giornata Internazionale della Donna (e non "festa", mi raccomando, non c'è da festeggiare, c'è da fare il punto della situazione circa i nostri diritti) e averla sentita pronunciare la seguente frase: «Non capisco perché esista la Festa della Donna quando c'è già la Festa della Mamma».

Immaginate il mio sguardo, sono certa che riusciate a vederlo.

Pensare che la Festa della Mamma possa sostituire quella della Donna significa non riuscire a immaginare una donna che non sia madre.

Badate bene, ci sono donne che vedono nella maternità il raggiungimento dell'obiettivo più grande della loro vita, e va benissimo così. Se vuoi figli non sei per forza una schiava del patriarcato, potresti essere semplicemente una donna che vuole dei figli.

Ma è anche vero che ci sono tante altre donne che i figli li hanno fatti perché «si è sempre fatto così», perché le pressioni da parte della famiglia sono state costanti, perché «la funzione di una donna è quella di essere madre». Sono ancora troppe le donne che hanno deciso di mettere al mondo un bambino per evitarsi un giudizio negativo e non per un vero desiderio di maternità.

E anche se trovo questa scelta discutibile, perché derivante da una pressione psicologica esterna (e qualche volta interna), comunque la comprendo.

Perché vi assicuro che essere una donna e dire di non volere figli spesso equivale a mettersi un enorme bersaglio all'altezza del petto e dire: «Sparate».

«Fa' attenzione, perché le donne senza figli diventano cattive...»

«Dici così perché sei giovane...»

«È perché non hai ancora trovato quello giusto, vedrai...»

«Non vorrai finire come quelle zitelle piene di gatti?!»

Il tuo utero diventa una faccenda pubblica e scopri che tutti hanno un'opinione in merito.

Vieni trattata come quella che è donna *a metà*, e che non capirà mai il senso della vita perché non ha partorito. Si domandano cosa tu abbia di sbagliato per non sentire l'istinto materno, l'orologio biologico che a un certo punto DEVE cominciare a fare *tic tac*, perché è naturale.

Personalmente, l'ho sempre vissuta come una forte mancanza di rispetto.

Ho trent'anni ed è da quando ne ho quattro che non mi sento a mio agio con l'idea di diventare madre. Da piccola avevo una bambola moderna, di quelle che riconoscevano la tua voce e ti rispondevano. Io dicevo: «Ti voglio bene, Baby Sabrina» e lei rispondeva: «Anch'io ti voglio bene, sei la mia mamma!». Lo trovavo inquietante. Mi ribellavo e dicevo ad alta voce: «No! Non mamma, sorella! Sono tua SORELLA, Sabrina!».

Non voglio figli da che ho memoria e trovo davvero

irrispettoso che ancora mi si dica che cambierò idea, che il problema è il mio partner che non va bene per me, che non posso dire una cosa del genere perché non si sa mai... È vero, non si sa mai, magari tra dieci anni scoprirò un istinto materno che ora non provo e prenderò i miei provvedimenti. Ma non vedo perché ora io debba essere trattata come un'incapace o un'ingenua perché sto esprimendo un bisogno, o meglio l'assenza di esso. Se in futuro vorrò un figlio, penserò a come fare. Per ora, sono tutti pregati di rispettare il mio pensiero.

VIOLENZA OSTETRICA

Mi sembrava doveroso citare questa forma di discriminazione (e violenza), perché trovo assurdo che nel 2020 se ne parli ancora così poco.

Il fatto che io personalmente non senta il desiderio di maternità non mi impedisce di occuparmi di ciò che accade alle donne che invece decidono di partorire (ricordate? Femminismo intersezionale: combatto anche le battaglie non mie, soprattutto se non mi toccano in prima persona e quindi ho più forze per affrontarle).

Che cos'è la violenza ostetrica? È l'appropriazione del corpo e dei processi riproduttivi della donna da parte del personale sanitario. Si tratta di una forma di violenza psicologica e fisica che la donna subisce durante il travaglio e il parto, durante il quale smette di essere trattata come un essere umano.

Per entrare nel pratico, stiamo parlando di: umiliazione e abuso verbale («Ti è piaciuto fare sesso, eh? Adesso non lamentarti del dolore»), rifiuto di offrire una terapia per il dolore, procedure mediche attuate senza il consenso della donna (sterilizzazione compresa), violazione della privacy.

I dati ci dicono che il parto diventa un'esperienza traumatica per 2 donne su 10.

Nel 2016 è nata la campagna #bastatacere, ideata da Elena Skoko, promotrice dell'Osservatorio sulla Violenza Ostetrica. Nel 2019 il Consiglio d'Europa ha approvato la risoluzione che prevede sanzioni contro il personale sanitario.

Si sta fortunatamente cominciando a citare anche questa forma di discriminazione, quando si parla di donne. Ora serve fare un lavoro culturale affinché le vittime si sentano libere di poterne parlare, di capire che non è colpa loro e soprattutto di denunciare.

5

MOLESTIE

Nell'ottobre del 2017 è nato #MeToo, il movimento femminista che ha dato voce alle donne vittime di molestie sessuali. L'obiettivo era quello di fare emergere la frequenza con la quale certe molestie accadessero e la quantità di donne che ne sono vittime. L'hashtag, nella sua semplicità, è stato vincente. Alcune donne raccontavano sui social una molestia subita e altre donne rispondevano twittando la loro storia, cominciando con «è successo anche a me», «sono vittima anche io», appunto: me too.

In Italia abbiamo avuto una campagna molto simile, lanciata qualche giorno prima da Giulia Blasi: #quellavoltache. Quella volta che l'insegnante mi ha detto che mi avrebbe dato un voto più alto se fossi stata carina con lui, quella volta che una macchina si è accostata per chiedermi quanto prendessi...

#MeToo e #quellavoltache perseguono lo stesso obiettivo: far capire che le molestie ci sono e ci sono sempre state, solo che prima non ne parlavamo.

Qualcuno infatti, dopo tutti questi tweet, si è fatto la domanda: ma com'è che ne parlate solo ora? C'è stata un'epidemia? Cercate fama? State mentendo?

Niente di tutto questo.

Non si tratta di un'epidemia, ma di comportamenti che sono sempre stati presenti nella società e che moltissime donne hanno subito in silenzio. Questo perché sembrava che attorno nessuno si scomponesse troppo per certi atteggiamenti. La pacca sul sedere alla segretaria? Goliardate. Il fischio per strada? Un apprezzamento. Il ricatto sessuale sul lavoro? Ricatto, che parolone… Proposta! Se vuoi puoi dire no…

In un contesto culturale simile, lamentarsi di alcuni comportamenti risultava praticamente impossibile, a meno di voler essere additate come esagerate, pesanti, frigide…

In un contesto culturale simile, cominci a pensare che se gli altri non vedono dove stia il problema in certi comportamenti, forse il problema sei tu.

Me la ricordo molto bene quella sensazione.

Avevo diciotto anni e stavo terminando la mia ultima guida, prima di fare l'esame della patente.

Quella sera avrei avuto un primo appuntamento con un ragazzo, dovevo prepararmi e quindi chiesi all'insegnante cinquantenne di poter guidare fino a casa mia, così da risparmiare tempo. Mi accontentò, cominciando a farmi domande su chi fosse questo ragazzo, dove saremmo andati a cena e così via.

Arrivata sotto casa, la sua frase fu: «Quindi adesso vai a farti bella, eh? Perché non ti fai mai bella per me?» e mi mise una mano sulla coscia. Io feci un sorriso imbarazzato e scesi dalla macchina.

Ho avuto il coraggio di raccontare questo fatto a mio padre solo poco tempo fa, dopo più di dieci anni. Mi ha chiesto: «Perché non me lo hai detto prima?».

Perché mi vergognavo, perché pensavo di stare facendo un dramma per nulla, perché non sapevo gestire l'emozione che stavo provando, perché una vocina nella mia testa mi diceva che era colpa mia, che sicuramente dovevo averlo provocato io, che probabilmente avevo fatto male a parlare di quel ragazzo, che in quel modo potevo averlo illuso, che forse sono sembrata facile, che dal mio atteggiamento poteva aver percepito un'apertura nei suoi confronti, che forse ero stata io a mettermi in quella situazione.

Non sono mai riuscita a pensare: "Quel vecchio porco è più anziano di mio padre e si sta approfittando della mia giovane età e della mia inesperienza, che mi impediscono di reagire; è solo colpa sua, io non ho fatto niente, è lui ad avere dei problemi e ora ne avrà ancora di più perché lo faccio licenziare".

E non ci sono mai riuscita perché non avevo mai sentito una storia simile nella mia quotidianità, non avevo precedenti raccontati da nessuna, pensavo di essere sola e che il problema fossi io.

E come me, milioni e milioni di ragazze.

Quindi no, non è un'epidemia, è che se comincia una donna (ma in molti casi vale anche per gli uomini, vale cioè per tutte le persone) a dire pubblicamente «a me è successo questo», le altre si sentono finalmente in diritto di dire Me Too.

È da escludere anche che si faccia per la fama, per avere visibilità.

A parte che raramente ci si ricorda il nome di una donna che denuncia una molestia subita da qualcuno, specie se è famoso, ma soprattutto in una società dove vige il *victim blaming* nessuna donna smania dalla voglia di raccontare la propria esperienza per poi sentirsi dire che «forse però lei se l'è cercata».

Per la stessa ragione, è improbabile che si menta su questo tema. Improbabile, non impossibile. Sicuramente ci sono state donne che hanno denunciato molestie mai avvenute e le ragioni possono essere le più disparate (e avere a che fare con moventi personali più che con dinamiche sociali). Ma le statistiche ci dicono che su cento casi di molestie denunciate, dai due ai sette sono falsi. Quindi, utilizzando la logica, è molto più probabile che ascoltando un'accusa di molestie ci si trovi davanti a uno di quei novantatré o novantotto casi in cui la vittima non sta mentendo.

In ultimo, anche la polemica sul «potevi dire no» lascia il tempo che trova.

Qui mi riferisco ai casi più famosi di cui si è parlato in questi anni, come quello del produttore Harvey Weinstein che organizzava riunioni di lavoro nella sua camera d'albergo.

«Tesoro, quando lui ti ha aperto la porta e hai visto che era in accappatoio e sei entrata lo stesso... Be', a quel punto sei responsabile quanto lui. Se la situazione ti metteva a disagio, potevi andartene.»

Vorrei che fosse così semplice.

Vorrei che in certe situazioni ci fossero solo del sangue freddo e una completa consapevolezza del contesto in cui ci si trova. Mi piacerebbe davvero tanto, ma non funziona così, invece.

Sapete com'è più probabile che funzioni?

Così.

"Mmh, mi ha proposto di vederci nella sua camera d'albergo perché così stiamo più comodi, sarà così, deve essere così, figurati se ha in mente altro, figurati se può capitarmi una cosa del genere: sarò io che come al solito sono paranoica perché guardo troppi film. Ok, dài, respira. Vedrai che andrà tutto bene, sei solo agitata per il colloquio, bussa alla porta e vedrai che il peggio sarà passato... Ecco, busso, attendo... Sento i passi... Dài, rilassati e cerca di fare una buona impressione, ché questo lavoro ti serve. Eccolo, ma cos'ha addosso? Un accappatoio? Sono così in anticipo? Magari si stava preparando e ho sbagliato orario io... Niente, sembra non farci caso, magari è una persona informale, magari lo fa per stemperare la tensione, figurati se c'è sotto altro, su, su, smettila di farti tutti questi problemi. Ti immagini se lui è davvero solo in ritardo e tu gli dici che il colloquio in quelle condizioni non lo fai? Sembri matta, sembri una che se la tira, ma credi che lui stia a guardare te? Per lui è lavoro. Cresci, Dio santo. Entra e togliti quell'espressione sgomenta dal viso, ché si vede, poi ti prende per pazza. Ma insomma, lo vuoi questo lavoro o no? Perché ti stai sabotando da sola? Smettila di fare i drammi e fa' questo colloquio."

Anni e anni di educazione alla gentilezza, alla morigeratezza e al non dare fastidio ci hanno portate a reagire in questo modo davanti a certe situazioni. E sentirsi dire che siamo responsabili, che potevamo dire no e che quindi le avance di lui poco dopo non possono essere considerate molestie, fa male.

Questo significa che non ci sono donne che usano il sesso consapevolmente per mandare avanti la propria carriera? Certo che ci sono. Questo significa che non è mai successo il contrario, cioè che fosse un uomo a essere vittima di molestie? Certo che è successo.

Perché le molestie non sono una questione di genere, sono una questione di potere.

Molestie e potere

Quando una persona ne molesta un'altra, sta esercitando il suo potere su quest'ultima.

Un potere che può essere sociale, economico, relazionale. Ecco perché la percentuale di uomini accusati di molestie è esponenzialmente più alta rispetto alla percentuale di donne accusate dello stesso reato: perché statisticamente ci sono più uomini che donne in posizione di potere. Non è che sono più cattivi, è che sono messi molto più spesso nella posizione di poterlo fare.

Qualche tempo fa il bodyguard della cantante Mariah Carey l'ha accusata di averlo molestato e di aver tentato di fare sesso con lui, facendosi trovare seminuda nella sua camera d'albergo. Qualcuno potrebbe dire: «Strano che sia successo a un uomo!», ma leggendo la notizia io non mi sono stupita nemmeno un po'. D'altra parte, tra Mariah Carey e il suo bodyguard, chi è in posizione di potere?

Dimenticarci di questo "dettaglio" ci condanna a non riuscire mai ad avere una conversazione costruttiva a proposito di molestie, perché ci mancheranno sempre degli elementi di complessità, che però sono imprescindibili per fare dei passi avanti. Infatti, quando si parla di molestie e si cerca di sensibilizzare le persone sulla loro gravità, ci si guarda bene dal parlare di quelle donne che, coscientemente, scelgono di andare a letto con qualcuno per avvantaggiare la propria carriera. Perché? Perché non si sa come trattare l'argomento, perché il rischio di fare un autogol è fortissimo, perché è un tema di cui ci si sente imbarazzati a parlare. Diventa tutto più semplice se si parla di potere.

Facciamo un esempio pratico: se un famoso regista dice all'aspirante attrice che avrà la parte se sarà carina con lui, lui sta sicuramente esercitando il suo potere. È lui che decide se lei lavorerà oppure no. Ma se lei in qualche modo aveva già il sospetto che quelle fossero le "regole del gioco" e si presenta con un vestito scollato, ridendo anche alle battute che non fanno ridere e dimostrandosi disponibile, non sta in qualche modo esercitando un altro potere? Io attrice voglio una cosa che tu regista puoi darmi, ma a quanto pare anche tu vuoi qualcosa che ho io. Allora ti farò credere di essere tanto ammaliata da te da venire a letto con te (perché in effetti, recitare è il mio mestiere), e tu allora sarai molto ben disposto a dare a me quella parte e a trattarmi con un occhio di riguardo durante tutto il periodo in cui lavoreremo insieme.

PILLOLA

Le molestie avvengono da parte di chi è in posizione di potere – sociale, economico, relazionale – e questa posizione è spesso ricoperta dall'uomo.

Questa situazione, che è capitata e capita diverse volte nel mondo dello spettacolo, non rende meno vere o meno valide le accuse di molestie mosse da altre donne. È che negli altri casi le donne il potere lo subiscono e basta, mentre in situazioni come questa anche loro esercitano un potere, in qualche modo. In tali circostanze si può parlare di molestia? Tecnicamente no, anche se ci sarebbero un paio di questioni da sollevare:

1. In una società che ti educa a percepire il tuo corpo come merce di scambio, quanto si può davvero parlare di libertà di scelta quando si decide coscientemente di barattare una notte di sesso con un lavoro? Se la società non ci trattasse come degli oggetti, avremmo davvero bisogno di esercitare questo tipo di potere? O lo chiameremmo in un altro modo?
2. Se è così frequente che per certi lavori le donne debbano scendere a compromessi di natura sessuale, significa che quei lavori non sono accessibili alla categoria "donne" in maniera limpida, pulita. E questa non sarà una molestia, ma è senz'altro un'altra discriminazione.

C'è poi tutta la discussione che ruota attorno al potere di dire di no.

Tante donne dello spettacolo si sono scagliate contro altre donne che stavano denunciando delle molestie subite, dicendo: «Io ce l'ho fatta senza scendere a compromessi», oppure «Io ho rinunciato a dei lavori per non dovermi svendere».

La prima frase sottende un messaggio antipatico: se hai dovuto “darla via” per lavorare, significa che non sei abbastanza brava nel tuo lavoro. Ora, non mi sento di escludere l’eventualità che le cose possano essere andate anche così, ce ne sarà almeno una al mondo che sta lavorando solo per quello che ha fatto PRIMA di mettersi a lavorare e non per le sue competenze. Rifiutare in toto questa ipotesi sarebbe ingenuo. Ma alle donne che pensano che questa sia l’unica ragione possibile proporrei di immaginare un’altra versione dei fatti: forse loro, che non sono scese a compromessi, hanno avuto più fortuna e si sono trovate davanti registi onesti ed etici, ai quali non sarebbe mai venuto in mente di fare una richiesta di tipo sessuale in cambio di un posto di lavoro. Forse queste donne sono state privilegiate e non si sono ritrovate nella condizione di dover decidere se scendere o meno a compromessi. E forse sarebbe più utile usare questo privilegio per provare ad aiutare chi non l’ha avuto, anziché scatenare una guerra interna.

E qui, queste stesse donne, potrebbero dirci che le proposte indecenti invece le hanno ricevute eccome, semplicemente loro hanno detto di no, hanno fatto più fatica, hanno lavorato meno ma hanno lavorato lo stesso.

Bene, comprendo lo sforzo, lo ammiro, immagino quali conseguenze abbia potuto avere non rinunciare alla propria morale. Capisco anche i sentimenti di rabbia nei confronti di chi invece non ha detto di no e ha lavorato di più, magari meritandoselo meno. Ma anche qui, non penso che le cose possano andare in un modo solo. Sicuramente ci sono state donne che hanno detto di sì perché a loro conveniva e lo hanno fatto sentendosi furbe. Lo abbiamo visto nell'esempio precedente: tu vuoi una cosa che io ho, allora ti accontento così mi semplifico la vita. Abbiamo anche già parlato di quanto questa scelta si possa considerare effettivamente "libera", ma qui entriamo nel campo dei "se" e dei "ma", dei dubbi legittimi ma ancora non supportati da dati certi, perciò possiamo limitarci a citarli.

Esistono però altri casi, casi in cui nonostante l'opzione di dire "no" sia presente sulla carta, nei fatti non è così facile da attuare.

Se sono nella condizione di non potermi permettere il lusso di non lavorare, sono davvero completamente libera di rifiutare una proposta indecente?

Se temo di essere in una situazione pericolosa, nella quale un mio rifiuto potrebbe scatenare qualche reazione violenta, davvero mi si potrà dire che ero consenziente solo perché ufficialmente ho detto "sì"?

Se non ho alcun potere in quella relazione, quello che dico o non dico vale qualcosa?

Esplorare le dinamiche di potere ci permetterebbe di comprendere un po' di più il tema delle molestie, il che ovviamente non significa risolverlo.

Risolverlo non sarà possibile finché non saremo in grado di rispondere in maniera ragionevole a una domanda: chi mette in atto una molestia è un molestatore?

Non sappiamo parlare di molestie

In questi ultimi anni l'argomento molestie è stato sulla bocca di tutti: pettegolezzi finiti in prima serata, opinionisti su tutto ed esperti in niente che ci hanno tenuto a farci conoscere il proprio pensiero su questa o quella vicenda, conversazioni da bar trattate come tesi di dottorato e ragionamenti profondi quanto pozzanghere. Abbiamo dovuto ascoltare la qualunque. Per questo, ogni volta che si parla di molestie la conversazione dura davvero poco: o vince la fazione che dice che gli uomini sono tutti dei mostri, oppure quella che ribadisce che le donne mentono, o se lo meritano perché "se lei non avesse voluto, se ne sarebbe potuta andare".

L'utilità di questi scambi è pressoché nulla, e questo perché ci dimentichiamo di dire una cosa fondamentale: si può molestare senza essere dei molestatori.

Sono consapevole che questo è forse il passaggio più difficile di tutto il libro, quello che si fa più fatica a digerire, perciò vi chiedo di fare uno sforzo e provare a tener fede alla promessa che ci siamo fatti all'inizio: cercare di comprendere prima di giudicare.

Ora, un bel respiro… e affrontiamo la questione.

I due concetti chiave che ci servono per comprendere questo discorso sono: intenzione ed effetto prodotto. L'intenzione è l'obiettivo che chi compie un'azione vuole raggiungere. Spesso non viene verbalizzata, rimane solo nella mente di chi agisce ma gli altri non la conoscono. "Vorrei dirle questa frase per farla stare bene", "Ora faccio questa cosa così si arrabbia".

L'effetto prodotto sono le conseguenze fisiche ed emotive di un'azione su chi la subisce (in questo caso utilizzo il verbo "subire" in maniera neutra e non con un'accezione necessariamente negativa). "Quando mi ha detto quella frase mi sono sentita compresa", "Il suo comportamento mi ha irritata".

Parlando di molestie, la persona che mette in atto un comportamento può avere, oppure no, l'intenzione di molestare qualcuno e quella che subisce il comportamento può sentirsi, o meno, molestata.

È una tabella a doppia entrata:

Il caso che conosciamo bene è quello in alto a sinistra, cioè quello in cui la persona che mette in atto il comportamento ha l'intenzione di molestare e la persona che lo subisce si sente molestata a tutti gli effetti.

Se Harvey Weinstein ti dice che prima di parlare di lavoro e del contratto devi massaggiarlo e si presenta in accappatoio nella sua suite, sa che sta mettendo in atto una molestia...

Non lo hanno giudicato incapace di intendere e di volere, quindi possiamo dirci abbastanza sicuri che avesse l'intenzione di molestare. La malcapitata di turno si è sentita molestata, ha subito quel comportamento e ha provato, di conseguenza, emozioni molto negative.

Quindi, lui aveva intenzione di molestare, lei si è sentita molestata.

Il secondo caso che sperimentiamo spesso è quello in basso a destra. Quello in cui chi mette in atto il comportamento non ha intenzione di molestare e chi subisce quel comportamento non si sente molestato. Un esempio: «Come stai bene vestita così!» «Oh! Grazie!». Lui voleva fare un complimento senza malizia, lei ha vissuto la cosa come un complimento senza malizia. È il quadrante migliore dove potersi trovare e molte volte, per fortuna, le relazioni si svolgono proprio lì.

Esistono però altri due casi di cui non parliamo mai, e finché non cominceremo a parlarne non faremo passi avanti sulla questione molestie.

Esiste il caso in basso a sinistra, in cui la persona che si comporta così ha intenzione di molestare, ma chi subisce quel comportamento non si sente molestato.

Pensate a un ragazzo che fischia a una ragazza per strada e noi sappiamo che lo fa perché vuole fare quello che in gergo si chiama *catcalling*, cioè fischia o sbraita giudizi non richiesti sul fisico con l'intenzione di manifestare il suo potere: adesso ti tratto come se tu fossi un cane, ti faccio capire attraverso questo comportamento che ti considero sessualmente attraente, e mi godo la tua reazione di vergogna mentre continui a camminare con lo sguardo basso e acceleri il passo.

Giacché questa è la reazione della maggior parte delle donne, possiamo dirci che, in moltissimi casi, chi ti fischia per strada non lo fa per fare un complimento. Pensateci: lo abbiamo detto in così tante salse che "quando ci fischiano ci sentiamo sporche e in colpa" che, se ci fischi, forse vuoi farci sentire sporche e in colpa.

Però c'è anche chi invece si sente lusingata da un fischio (d'altra parte, in un mondo che ti dice che la cosa più bella che può capitarti è essere considerata sessualmente attraente da un uomo, c'è addirittura il rischio che quel comportamento ti faccia piacere).

Quindi in questo caso si incontrano la persona che ha intenzione di molestare con una che però non si sente molestata. Che è già un caso interessante di cui non si parla.

Ma poi, finalmente, arriviamo all'ultimo caso, quello in alto a destra, di cui dovremmo parlare tutti i giorni e che invece non viene citato mai. Sto parlando del caso in cui chi agisce il comportamento non ha intenzione di molestare ma chi lo subisce si sente molestato.

È il caso che ci permette di distinguere tra il peccato e il peccatore, e in cui se con il tuo comportamento hai fatto sentire molestata un'altra persona NON significa che tu sia un molestatore.

(Facciamo un altro bel respiro, perché lo so che è davvero complesso affrontare questo quadrante. Se stessi leggendo questo ragionamento per la prima volta forse mi arrabbierei, perciò provo ad accompagnarvi anche emotivamente nel percorso. Ricordatevi che sono una femminista convinta, è improbabile che ora mi metta a difendere i molestatori. Infatti, il punto è un altro, state con me.)

Il fatto che una persona non avesse intenzione di molestare non può non contare niente, non possiamo non tener conto della sua intenzione.

Allo stesso modo però non possono bastarci le buone intenzioni, non sono sufficienti a non percepire una molestia.

Per intenderci, non potrebbe mai avvenire uno scambio del genere:

«Io mi sono sentita molestata.»

«Ah, ma io non volevo...»

«Allora benissimo, non c'è più nessun problema!»

Chiaramente non può funzionare così. Però dobbiamo legittimare entrambi, a chi ha messo in atto il comportamento dobbiamo dire che capiamo e teniamo conto del fatto che non avesse intenzione di molestare, e a chi l'ha subito dobbiamo dire che capiamo e teniamo conto delle emozioni che sta provando in quel momento.

Sono due realtà che non si escludono: è vero che lui non voleva molestare ed è vero che lei si è sentita molestata, perché non è detto che intenzione ed effetto prodotto coincidano.

Dov'è che casca l'asino? Nel fatto che non riusciamo a dare dignità alla soggettività di entrambi: o diciamo che siccome lei si è sentita molestata, lui è un maledetto porco molestatore, oppure diciamo che siccome lui non voleva molestarla, lei è esagerata.

E invece sono vere entrambe le cose: lui non voleva molestarla e lei si è sentita molestata, perché ognuno di noi vive la realtà in modi diversi.

Finché non parleremo di questo, non sapremo parlare di molestie.

Soprattutto perché nessuno è disposto a mettere in discussione comportamenti che ha, o ha avuto, e che hanno fatto sentire molestato qualcuno, se questo fa automaticamente di loro dei molestatori...

Faccio l'esempio su di me, per cercare di essere ancora più chiara.

Se mi chiedono se sono una molestatrice, rispondo di no.

Ma se mi chiedono se nella vita qualcuno si è mai sentito molestato da me, prima di rispondere domando: il fatto che non abbia mai voluto molestare qualcuno conta? Cioè, se dico che forse qualcuno si è sentito molestato da me vuol dire che sono una molestatrice? E se mi dicono: «No, il fatto che qualcuno possa essersi sentito molestato da te non fa di te una molestatrice, se non avevi l'intenzione di molestare» allora io gli rispondo: «Ok, rifammi la domanda...».

«Nella vita qualcuno si è mai sentito molestato da te?»

«Eh... non lo so. Spero di no ma non lo escludo, potrebbero essersi sentiti molestati e non avermelo detto. Può essere...»

Questo però allora significa che se una persona si sente molestata da un mio comportamento, magari platealmente molesto, ma di cui non mi sono accorta, io non subisco conseguenze perché basta dire che «non volevo»?

Certo che no! I comportamenti vanno sanzionati a prescindere dalle intenzioni, l'intenzione è un'aggravante.

Se do fuoco per sbaglio alla casa di qualcuno mi processano e mi sanzionano, se lo faccio apposta mi sanzionano ancora più pesantemente, perché l'ho fatto con dolo, ma non è che nel primo caso si limitano a dirmi: «Birbantella!».

Quindi i comportamenti vanno sanzionati a prescindere dalle intenzioni. I comportamenti però, non le persone...

Se una persona ruba per sbaglio in un negozio perché si scorda, in buona fede, di pagare, viene denunciata lo stesso, anche se non aveva intenzione di rubare, però che da questo derivi il «quindi sei una ladra!», be', no... L'intenzione non può non contare.

Pensate a quante conversazioni utili e generative potremmo fare con gli uomini – che statisticamente molestano più delle donne (ricordate il tema "potere"?) – se riuscissimo a scindere l'aver molestato qualcuno dall'intenzione di volerlo fare. Pensate a come sarebbe facile far capire che però non basta dire «non volevo», perché bisogna prendere in considerazione le emozioni di chi si sta sentendo molestato in quel momento, e che farlo non è un'ammissione di colpa ma una presa di responsabilità.

Quanto dovremo aspettare ancora prima che accada?

Vogliamo imparare a parlare di molestie o vogliamo fare finta?

Ci interessa affrontare la questione o ci basta farci la guerra?

Dobbiamo diventare consapevoli che ognuno di noi guarda la realtà da un punto di vista, e finché non impareremo a prendere in considerazione quello dell'altro, difficilmente avremo conversazioni costruttive, soprattutto su temi così importanti.

6

DISCRIMINAZIONI SUL LAVORO

Il solo fatto che ci sia bisogno di un capitolo a parte per questo tipo di discriminazioni la dice lunga su quanto poco rosea sia la situazione.

Abbiamo detto che lo stereotipo vuole la donna come angelo del focolare, intenta a badare alla famiglia. Ma questo non significa affatto che uscire di casa e andare a lavorare ci salvi da tutta un'altra serie di dinamiche sessiste. Il femminile viene percepito come inferiore pressoché ovunque, non importa dove ci si trovi.

Anzitutto, dobbiamo ricordarci una cosa: le donne di potere non piacciono.

Certo, ci sono le eccezioni, c'è chi pensa che la determinazione non abbia nulla a che fare con il genere, che le qualità per essere un buon capo non dipendano dai pronomi, che si possa essere sicuri e preparati a prescindere dal fatto che si sia uomini o donne.

Ma diciamoci la verità: chi la pensa così non fa parte della maggioranza.

Le statistiche ci dicono che la modalità di lavoro assertiva e la simpatia sono positivamente correlate negli uomini e negativamente correlate nelle donne. Significa che più un uomo sa prendere decisioni, fare richieste specifiche e gestire un team, più viene percepito come simpatico e piacevole. Al contrario, più una donna è assertiva, sa coordinare un gruppo e risolve le situazioni, più viene vista come una "capetta" arrogante.

Gli stessi comportamenti sortiscono effetti diametralmente opposti sulle persone, a seconda del genere della persona che li mette in atto.

L'associazione Bossy prende il nome proprio da questo doppio standard.

Nella lingua inglese, "*bossy*" non è un aggettivo neutro. Deriva da "boss", quindi da capo, ma non si dice di un uomo che è "*bossy*". Un uomo è "*strong*", è "*assertive*". Sono le donne a essere "*bossy*", nel senso di "comandine", "capette". Quindi, un uomo che si comporta da boss e sa quello che vuole è una persona da ammirare, una donna che fa la stessa cosa è una stronza.

La situazione di partenza è questa, e già da sola causa non pochi problemi.

Sommata alle altre dinamiche che si intersecano, dà come risultato una discriminazione talmente estesa da meritare un intero capitolo.

Gender Pay Gap

Sebbene possa suonare strano alle orecchie di qualcuno, ancora oggi uomini e donne che fanno lo stesso lavoro nella stessa azienda percepiscono uno stipendio differente. Il *Gender Pay Gap* misura questo scarto.

A parità di ruolo e mansione, in Europa una donna percepisce in media il 13,8% in meno, mentre in Italia la percentuale è "solo" del 5,6%. A guardare questi dati, dovremmo essere orgogliosi del nostro Paese. Certo, non siamo ancora arrivati ad azzerare questo scarto, ma ci siamo molto vicini.

Peccato che queste percentuali si riferiscano al *Gender Pay Gap* GREZZO e non a quello COMPLESSIVO. Ma qual è la differenza?

Il *Gender Pay Gap* grezzo si basa sulla differenza media della retribuzione lorda oraria, mentre il *Gender Pay Gap* complessivo prende in considerazione, oltre al salario orario, anche il numero medio mensile delle ore retribuite e il tasso di occupazione femminile.

PILLOLA

Nella stessa azienda, un uomo e una donna che svolgono le stesse mansioni percepiscono uno stipendio diverso, superiore per l'uomo.

Il *Gender Pay Gap* grezzo è calcolato, ovviamente, solo sulle donne che lavorano, ma l'Italia ha storicamente un'occupazione femminile molto bassa, il 48,1% (nonostante le donne si laureino più degli uomini e con voti più alti). In più, il part time è molto più diffuso tra le donne che non tra gli uomini. Il 32,4% delle donne ha un part time (contro il 7,8% degli uomini), questo significa che, lavorando meno ore alla settimana, la donna percepisce uno stipendio più basso.

Si potrebbe comprensibilmente obiettare che non possiamo prendere in considerazione questo dato, poiché il part time è una richiesta volontaria della lavoratrice, perciò non può essere una discriminazione. Però, secondo l'ISTAT, il 60% dei part time richiesti dalle donne è involontario, che tradotto significa che noi donne staremmo volentieri al lavoro tutto il giorno, ma se la società ha deciso che alla casa dobbiamo badare noi, che ai pasti dobbiamo pensarci noi, che i bambini sono una nostra responsabilità e che i parenti malati dobbiamo curarli noi, siccome le ore sono 24, con un full time non avremmo materialmente il tempo di fare tutto. I dati mostrano come le donne in casa facciano il triplo dei lavori che fanno gli uomini (e quanto questo faccia male alle relazioni, infatti le coppie che si dividono equamente i compiti – al netto degli impegni e delle reali possibilità di ognuno – divorziano meno e hanno una vita sessuale più attiva). E ancora, una donna che va in maternità, nei 20 anni successivi perde il 12% della retribuzione potenziale, percentuale che sale al 20% se al momento della maternità non aveva un posto fisso.

Insomma, se teniamo conto di tutti questi fattori e facciamo quindi riferimento al *Gender Pay Gap* complessivo, la percentuale europea sale al 39% ma quella italiana raggiunge il 43,7%.

PILLOLA

Viviamo in una cultura patriarcale, quindi il nostro cervello è abituato a percepire il femminile come inferiore e il maschile come più autorevole.

Vi ricordate chi aveva come obiettivo l'eliminazione del divario salariale? La terza ondata femminista, quella degli anni '90. Dopo trent'anni siamo ancora qui a parlarne. «Eppure ora potete votare, a cosa serve il femminismo?»

Glass ceiling

Parliamo di *glass ceiling* in tutte quelle situazioni in cui l'avanzamento di carriera di una persona o il raggiungimento di alcuni diritti sono impediti a causa di discriminazioni prevalentemente razziali o sessuali. In italiano abbiamo tradotto il termine con "soffitto di cristallo".

Fateci caso: nelle aziende, così come nelle cariche pubbliche, più si "sale", più la mansione diventa importante, più spariscono le donne. Lo si chiama soffitto di cristallo (o di vetro) perché è invisibile ma c'è. Nessuna azienda ha scritto nero su bianco che le donne non possono ricoprire posizioni di potere, eppure i dati dicono il contrario. In più, quando un soffitto è di cristallo, dal piano inferiore è possibile vedere cosa c'è di sopra, cosa ci stiamo perdendo, e questo fa ancora più male.

Il fenomeno è talmente importante che l'«Economist» ha creato il *Glass-ceiling index*, un indice che calcola la disparità di genere presente nei vari Paesi attraverso dieci parametri (tra cui il livello di istruzione superiore, gli stipendi e le posizioni ai vertici d'impresa). Più l'indice è alto, meno il Paese ha al suo interno discriminazioni legate al genere.

Secondo il *Glass-ceiling index* aggiornato al 2019, in Italia solo il 27,5% delle posizioni manageriali è occupato da donne, mentre in Parlamento la percentuale di donne è del 35,7% e nei consigli d'amministrazione del 36,4%. Complessivamente, nella classifica del *Glass-ceiling index* che prende in considerazione Corea del Sud, Giappone, Turchia, Svizzera, Paesi Bassi, Gran Bretagna, Repubblica Ceca, Grecia, Germania, Stati Uniti, Irlanda, Nuova Zelanda, Australia, Israele, Spagna, Austria, Repubblica Slovacca, Italia, Canada, Polonia, Ungheria, Portogallo,

Danimarca, Belgio, Francia, Finlandia, Islanda, Norvegia e Svezia, ci troviamo alla dodicesima posizione mentre sul podio ci sono appunto queste ultime tre (la Svezia è poco sopra l'80%).

Quote rosa

Dalla Treccani: «Provvedimento (in genere temporaneo) teso a equilibrare la presenza di uomini e donne nelle sedi decisionali (consigli di amministrazione, sedi istituzionali elettive e così via) effettuato introducendo obbligatoriamente un certo numero di presenze femminili».

Per fare un esempio, se ci sono dieci posizioni aperte, le quote rosa dicono che almeno tre dovranno andare a donne.

Qualcuno definisce le quote rosa discriminatorie, poiché l'obbligo di dover assumere tre donne impedirebbe ad altrettanti uomini magari più qualificati di ottenere il lavoro. «Io sono più bravo di lei, ma siccome lei è donna otterrà il lavoro al posto mio e questa è una discriminazione al contrario.» In questo modo, giustamente, si pone la questione della meritocrazia, una questione da affrontare, e anche con una certa urgenza.

Tutti noi (uomini e donne) abbiamo dei *bias* cognitivi, cioè delle scorciatoie di ragionamento che, permettendoci di arrivare in fretta a una decisione, si basano su convinzioni già presenti nel nostro cervello, senza troppo badare alla realtà che abbiamo davanti.

Secondo una convinzione presente nella nostra società, il maschile è superiore e dunque gli uomini sono più bravi delle donne (nonostante i dati riguardanti le performance scolastiche dicano il contrario). Se vi facessi leggere un test a domande aperte compilato da MariO Rossi e vi chiedessi di valutarlo, voi dareste un certo voto. Ma se vi facessi leggere lo stesso test con le stesse risposte, compilato però da MariA Rossi, voi non dareste lo stesso voto, dareste un voto più basso.

Questo accade perché il nostro cervello è abituato a percepire il femminile come inferiore e il maschile come più autorevole. Il che porta ad assumere con più facilità persone di sesso maschile e dunque a trovare soprattutto uomini in posizione di potere. Trovare una maggioranza di uomini in queste posizioni ci spinge a pensare che siano più bravi delle donne. È un circolo vizioso difficile da spezzare, a meno di farlo con una variabile nuova: una legge.

Qualcosa che dica: se devi assumere dieci persone, statisticamente assumerai dieci uomini perché pensi che siano migliori, siccome però nella realtà le cose non stanno così, e rinunciando ad assumere delle donne stai perdendo persone valide (a volte più valide!) che potrebbero fare bene alla tua azienda, noi ti obblighiamo ad assumerne almeno tre.

In questo modo si aggira il *bias* cognitivo senza

creare una discriminazione al contrario, perché con ogni probabilità i restanti sette posti di lavoro verranno comunque occupati da uomini.

Le quote rosa servono a creare dei precedenti, affinché il *bias* cognitivo ceda. Se vedo solo uomini prendere decisioni, penserò che le donne non siano in grado di farlo. Se invece avrò a disposizione esempi di donne in posizione di potere che hanno saputo fare il proprio lavoro, comincerò a credere che quindi anche loro ne siano in grado.

I neuroscienziati hanno confermato che i bambini e le bambine hanno la stessa capacità di capire la matematica. Come mai allora ci sono molti più ragazzi iscritti al liceo scientifico? Perché lo stereotipo dice che i ragazzi sono portati per le scienze e le ragazze per le lettere. Così, durante le scuole medie, alle ragazzine viene suggerito di intraprendere un percorso più umanistico, nonostante molte di loro abbiano interessi di tipo scientifico. Queste ragazzine, guardandosi attorno, vedranno che in effetti ci sono pochissime donne nelle scienze e si fideranno del consiglio degli adulti: smetteranno di studiare quelle materie e, come la migliore delle profezie che si autoavverano, alla fine non saranno più così brave in matematica, perché non saranno andate avanti a studiarla, al contrario dei loro colleghi maschi.

C'è una ragione se fino a una certa età le bambine e i bambini alla domanda «cosa vuoi fare da grande?» rispondono «la/il presidente» e dopo una certa età le bambine cambiano la propria risposta (mentre i bambini no). Perché si guardano attorno e non vedono esempi femminili in posizioni di potere, così si convincono di non poter raggiungere una posizione di quel tipo e smettono di adoperarsi per diventare ciò che vorrebbero. Cominciano a voler diventare altro: la modella, la ballerina, la maestra, l'infermiera… Non possono sperare di diventare qualcosa che non esiste.

Le quote rosa servono a questo: a fare in modo che le bambine possano continuare a studiare per diventare ciò che vorranno essere, così che in un futuro le quote rosa stesse potranno essere eliminate.

Le quote rosa sono un mezzo, non il fine. E di certo non sono una soluzione: sono una pezza.

Sono utili, ma non possiamo pensare che risolvano un problema che è culturale, e finché a questo provvedimento non verrà affiancato un lavoro di smantellamento degli stereotipi, che parta già dalla prima infanzia e accompagni i ragazzi e le ragazze durante tutti gli anni della scuola, continueremo a dirci che le quote rosa sono una discriminazione al contrario, perché non avremo mai chiaro quale sia il vero problema.

7

INTERVALLO: SORELLANZA A TUTTI I COSTI?

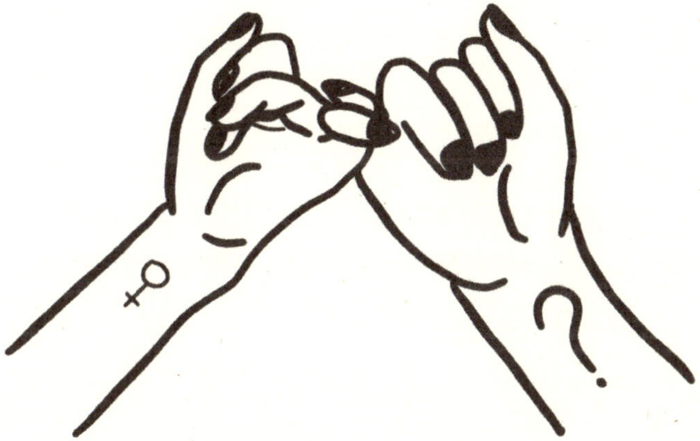

Dopo i discorsi che ho fatto fino a qui penso sia chiara una cosa: io faccio il tifo per le donne.

Ho fiducia nelle donne e nelle loro competenze, nella loro possibilità di fare grandi cose e nel loro diritto come esseri umani di essere messe nella condizione di farle.

Non è sempre stato così (come detto all'inizio di questo libro), ma ogni giorno mi ritrovo a essere un po' più grata per questo cambio di prospettiva, per questa nuova consapevolezza, e ad apprezzare il concetto di sorellanza: un'alleanza tra donne che porta a creare cose enormi attraverso un'energia tutta nuova.

La società, in molti modi (film, battute, racconti in prima persona) ci ha cresciute ripetendoci che le altre donne sarebbero state le nostre peggiori nemiche, ma questo è accaduto solo perché chi detiene il potere (in questo caso l'universo maschile e maschilista, con più o meno consapevolezza) sa che le persone discriminate si possono continuare a controllare solo una alla volta e separatamente.

Il patriarcato teme la sorellanza come poche altre cose.

Per questo ogni volta che l'abitudine (che ancora tristemente persiste) rischia di farmi partire in quarta a giudicare una donna, mi fermo e mi domando perché stia sentendo l'esigenza di farlo.

È perché ha fatto qualcosa che giudico sbagliato o solo perché sono programmata per "sbaragliare la concorrenza" e fare un favore a chi ci vuole divise?

Molto spesso il giudizio negativo che mi verrebbe da esprimere è figlio di una mia opinione con la quale io stessa sono in disaccordo. Questo concetto è stato spiegato dal comico Daniel Sloss nel suo ultimo spettacolo *X* (che, peraltro, conferma che si può essere politicamente scorretti senza essere sessisti, omofobi o razzisti, basta essere bravi). Lui dice che molto spesso ci ritroviamo ad avere opinioni che non ci rispecchiano più, retaggi culturali del nostro passato, abitudini di pensiero che arrivano dall'infanzia e dall'adolescenza. Nel frattempo siamo cresciuti, abbiamo letto, studiato, incontrato persone, abbiamo cambiato idea e chiesto scusa, siamo persone migliori. Eppure, l'opinione vecchia è sempre lì, nel retrocranio, pronta a tornare fuori in maniera quasi automatica. Questo ci porta ad avere molti pensieri con i quali non siamo più d'accordo.

A me capita spessissimo con le altre donne: vedo

una ragazza con una minigonna e sento nella testa il commento della me quattordicenne, «quella vuole solo attenzioni, ma puoi andare in giro vestita così?». Sia ben chiaro, io NON CREDO che una donna si metta una minigonna perché vuole attenzioni o solo per quello, né penso che volere attenzioni sia una cosa negativa. Soprattutto, sono convinta che il corpo di una persona non debba essere oggetto di discussione, e per me i vestiti che sceglie di indossare rientrano in questo discorso. Eppure, la vecchia opinione persiste e devo farci i conti. Per fortuna, so perché è lì, so da dove arriva, so chi ce l'ha messa. E so che non sono più d'accordo.

Quindi, con non poca fatica, faccio un'analisi interna fino a capire qual è ora la mia vera opinione in merito, nel 2020, grazie alle esperienze che ho fatto e non agli stereotipi che la società mi ha inculcato.

Senza questo lavoro di introspezione, mi riuscirebbe quasi impossibile sperimentare la sorellanza, a conferma del fatto che il femminismo è un percorso ed è complesso.

Però, proprio perché mi pongo così tante domande e cerco di stare molto attenta alle mie reazioni, so anche capire quando una mia opinione negativa riguardante un'altra donna non è figlia di uno stereotipo ma della mia etica che si scontra con la realtà.

Il fatto che una persona sia donna non significa che faccia solo cose positive, né che non si possa criticare.

Ho sentito donne dire cose inascoltabili, discriminatorie e profondamente razziste. E quando mi è capitato, l'ho fatto notare. Se la cosa accade online, c'è sempre qualcuno che dice «e meno male che ti consideri femminista, non dovresti parlare male di un'altra donna!».

Io però faccio sempre riferimento alle azioni delle persone e non alle persone nella loro totalità, perciò al massimo parlo male dei comportamenti tenuti da una donna ma non di una donna in sé. Credo comunque che la sorellanza a tutti i costi sia controproducente, perché certo, bisogna domandarsi cosa ci stia spingendo a criticare quello che una persona ha fatto, ma se siamo sicuri che non la stiamo criticando per la sua mancata fedeltà allo stereotipo che la vuole ingabbiare, trattarla con i guanti bianchi solo perché donna sarebbe un autogol.

E lo sarebbe perché ci relegherebbe soltanto al nostro genere.

Una donna non è solo una donna: è anzitutto una persona, deve rispettare come tutti le regole per stare in società. Se una donna si mette a inveire contro un'altra categoria di persone, per il puro gusto di discriminare, il suo genere non è importante e io dirò che quella cosa mi sembra sbagliata, anche se facciamo parte dello stesso gruppo: la sorellanza non esiste senza l'etica.

Per le donne femministe questo è molto chiaro e vi assicuro che la domanda «mi viene da criticarla perché sono stata abituata così o perché davvero ha fatto qualcosa di criticabile?» è costantemente presente nel cervello di ognuna di noi.

L'intervallo appena trascorso serve a rassicurare chi pensa che sostenersi tra donne significhi giustificare qualsiasi comportamento in nome della sorellanza. Non è così: sentirsi "sorelle" significa esserci le une per le altre, certamente per fare il tifo le une per le altre ma anche per dirsi in maniera utile «in questo caso non sono d'accordo con te».

Altrimenti, sarebbe come se gli uomini si coprissero tra loro e giustificassero stupri e violenze solo perché a commetterli è stato un altro uomo e quindi il problema è sicuramente delle donne che stanno esagerando. Sarebbe assurdo, vero?

8

E GLI UOMINI?

Uno dei concetti che il femminismo intersezionale ha più a cuore e desidera chiarire senza lasciare ombre interpretative (e che io spero di raccontare in maniera efficace in questo libro) è che ridare dignità al femminile non è una "cosa da donne", perché il patriarcato (che si costruisce sulla convinzione che il maschile sia superiore) fa male anche agli uomini.

Mascolinità tossica

Ovunque ci sia una lista di caratteristiche da possedere per essere considerati degni di rispetto, c'è qualcuno che non le possiede e che per questo soffre. Gli uomini non fanno eccezione.

Nello specifico, per essere considerati "veri uomini", gli uomini devono essere dei maschi alfa.

Da piccoli viene detto loro di non mostrare sentimenti («non piangere, non fare la femminuccia») a meno che non siano sentimenti aggressivi, come ad esempio la rabbia.

Vengono educati alla forza, alla sopraffazione. Sei un vero uomo se sei il più ricco, il più possente, il più realizzato, il più alto, il più muscoloso. Nessuno spazio per la sensibilità, l'intuitività, l'empatia. Vuoi essere considerato un uomo? Allora sii uomo così.

Queste direttive, che cominciano in tenerissima età, fanno danni enormi. Cresciamo uomini che sono in imbarazzo all'idea di parlare dei propri sentimenti e di esprimerli, che non sono in grado di mostrarsi deboli anche quando ne avrebbero bisogno, che non dicono quello che pensano e assecondano gli amici, perché non sanno cosa accadrebbe se manifestassero il proprio disaccordo con "il branco", uomini che se guadagnano meno della loro compagna vengono additati – e si sentono – come "meno uomini", uomini che sentono costantemente la pressione a essere perfetti.

PILLOLA

La "mascolinità tossica" inquina l'aria che respiriamo e avvelena chi ne è portatore

Questa lista di caratteristiche imprescindibili viene chiamata "mascolinità tossica".

Tossica perché inquina l'aria che respiriamo tutte e tutti, perché avvelena chi ne è portatore.

Abbiamo detto che il termine maschicidio, cioè l'uccisione di un uomo per non essere stato uomo nella maniera corretta, non esiste o comunque non viene utilizzato.

C'è però un altro termine che invece dovremmo prendere in considerazione, ed è suicidio, perché 8 suicidi su 10 sono uomini.

Se insegniamo agli uomini a essere sempre un esempio di successo e a far valere i loro diritti su quelle che considerano proprietà, quando perdono qualcosa che credono appartenga loro la eliminano (femminicidio) e quando non riescono a essere dei maschi alfa si ammazzano (suicidio).

Il mandante, ancora una volta, è sempre il patriarcato.

Spesso gli uomini che sono in disaccordo con il femminismo (avendone travisato il significato) sostengono che «gli uomini si ammazzano di più» per avvalorare la propria tesi secondo cui i veri discriminati sono loro e non le donne, senza capire che l'origine del problema è sempre la stessa.

Giusto per fare un esempio, una condizione comune nei suicidi è la depressione e uno dei fattori scatenanti della depressione è la disoccupazione o comunque la perdita del lavoro. Le ricerche mostrano come – sebbene sia un fattore scatenante anche per le donne – sugli uomini abbia un effetto più intenso.

Come mai? Perché tutta la pressione lavorativa la

mettiamo sulle spalle degli uomini, perché sono loro a dover provvedere economicamente alla famiglia. E perché? Perché abbiamo detto alle donne che il loro posto invece è in casa, a badare ai figli (e infatti il congedo obbligatorio di paternità in Italia dura cinque giorni, un tempo ridicolo, non si può descrivere in altro modo). Se smettessimo di dire che il posto delle donne è a casa (più nello specifico, in cucina), un po' della pressione verso il successo che gli uomini sentono andrebbe automaticamente ad affievolirsi.

E chissà cosa accadrebbe se smettessimo di considerare gli uomini come "predatori per natura" e le donne come prede. Magari gli uomini comincerebbero a denunciare gli stupri… subiti, perché certo, anche gli uomini vengono stuprati – spesso da altri uomini – ma si guardano bene dal raccontarlo. Vorrei potervi dare dati certi, ma la realtà è che sono pochissime le ricerche che si dedicano a questo tema. Possiamo citare uno studio americano del 2014, dove si è visto che oltre quattro uomini su dieci di scuola superiore e università avevano vissuto una coercizione sessuale, ma serve molto più lavoro di ricerca. Il tema della mancata denuncia è un tema da affrontare da ambo le parti, perché se le donne non denunciano per paura di ripercussioni, per il *victim blaming* sempre dietro l'angolo e per la minimizzazione alla quale spesso vanno incontro, gli uomini non denunciano per paura di non venire creduti, di essere derisi o ancora peggio trattati come se la cosa non potesse che far loro piacere («Hai fatto sesso, di che ti lamenti?»).

È un lavoro che va fatto tutti insieme e chi ha già compreso questo meccanismo deve necessariamente raccontarlo ad altri. Soprattutto se è un uomo.

Agli uomini servirebbe ora, nel 2020, un po' del femminismo separatista della seconda ondata, che ha permesso alle donne di parlare per la prima volta di problemi fino a quel momento mai affrontati. Gli uomini femministi dovrebbero educare altri uomini al femminismo, perché questi ultimi non sono ancora disposti ad ascoltare la voce di una donna.

Certo, si passa per rompiscatole, per guastafeste, come dicevamo. Non è sempre facile e non è una parte simpatica da fare. Però è necessaria, perché gli uomini che sono vittime del patriarcato e per questo diventano carnefici di se stessi e del genere femminile sono ancora troppi.

Not all men

Avete presente quando si sta parlando di un'azione deprecabile commessa da un uomo e qualcuno entra a gamba tesa nel discorso dicendo: «Eh, ma non tutti gli uomini…».

È forse una delle risposte più fastidiose di sempre, perché sposta il punto della discussione e mostra come del problema di cui si stava parlando non interessi a nessuno, e sia invece molto più importante difendere "gli uomini" da un'accusa di genere che nessuno ha mosso. E sebbene io mi renda conto che ci siano realmente donne che trattano gli uomini come se fossero tutti uguali e tutti colpevoli, quando invece si sta facendo un discorso utile, portando a galla tendenze presenti nel mondo maschile (ma certo, non in tutti gli uomini) delle quali bisogna discutere, e un uomo si affretta a ricordare che «io no, e comunque non tutti», non riesco a fare a meno di pensare che forse, in fondo, ci sia un problema di coda di paglia.

Se racconto di un uomo che ha fatto male a una donna (può averla offesa, derisa, picchiata, stuprata, decidete voi) lo faccio avendo in testa due obiettivi da raggiungere:

1. Voglio dare voce al dolore di quella donna, voglio che abbia la visibilità che merita, voglio che venga preso in considerazione il suo vissuto, che si senta accolta e compresa nella sua esperienza, che capisca che non sta esagerando, che il suo sentimento è ascoltato, che le sono vicina, che merita attenzione
2. Voglio che tutte queste singole esperienze si sommino ogni volta, così da renderci conto che il genere maschile ha un problema di aggressività, di esaltazione della violenza, di cultura dello stupro, di mascolinità tossica

Perché alla decima, alla centesima, alla millesima storia di una donna che si ritrova vittima di un uomo, una riflessione sugli uomini in senso lato va fatta, non perché siano tutti colpevoli ma perché, dato che sono tutti uomini, hanno tutti la responsabilità di controllare i propri comportamenti e rimproverare anche ai loro amici eventuali atteggiamenti aggressivi (come dicevamo, finché a dirlo è una donna, se l'uomo è convinto che il femminile sia inferiore, non verrà ascoltata).

«Ma come? Io sono responsabile anche per gli altri?» Sì, ogni volta che potresti fare la differenza dicendo qualcosa e non lo fai. Funziona così per tutti, uomini e donne, si chiama "essere persone decenti". Non lo fai? Te ne stai lavando le mani, vieni a patti con questa cosa. Non ti piace? Cambia il tuo comportamento.

Se si vuole dare dignità alla vittima e proporre una riflessione sul carnefice e sulla categoria alla quale appartiene, qual è la cosa peggiore da poter fare? È spostare il punto della discussione dicendo che «non sono tutti così». Perché dovrebbe interessarci ora discutere di come non siano tutti così? Qualcuno in questa discussione, ora, ha detto che sono tutti così?

Sapete cosa penso quando un uomo mi dice che non sono tutti così? Penso che sia vero, ma che statisticamente lui invece lo sia. Magari inconsapevolmente, ma lo sia.

Perché se in una conversazione nella quale potrebbe fare la differenza decide invece di infiammarsi la coda di paglia e affrettarsi a dire che «non io, non tutti», probabilmente ha la stessa reazione anche in altri casi in cui potrebbe fare la differenza, ad esempio quando un suo amico fa una battuta sessista e lui ride anziché dirgli di farla finita.

Gli uomini decenti, quando vengono messi di fronte a un problema, si domandano se hanno fatto qualcosa per alimentarlo, e in ogni caso se possono fare qualcosa per eliminarlo.

Ancora meglio: le persone decenti, quando vengono messe di fronte a un problema, si domandano se hanno fatto qualcosa per alimentarlo, e in ogni caso se possono fare qualcosa per eliminarlo.

Se invece il contributo di una persona alla causa è mettere le mani avanti, forse non ha solo la responsabilità, ma anche qualche colpa. Sicuramente ce l'ha in quel momento, spostando l'attenzione dalla vittima a sé e alla sua categoria, che sente di dover difendere senza che ci sia stata un'accusa.

È lo stesso atteggiamento che alcuni bianchi tengono quando si parla di razzismo, o alcuni eterosessuali quando si parla di omofobia: «Io no, non siamo tutti così». Non ci interessa, non stiamo parlando di te, scendi da quel piedistallo.

È semplice: se hai una voce potente e anziché usarla per dare visibilità a chi è discriminato la usi per sbraitare che non è colpa tua e che non siete tutti così, sei parte del problema.

Comportati da uomo

In inglese c'è un'espressione linguistica che trovo molto triste, utilizzata per dire alle persone di tirare fuori il coraggio e smetterla di lamentarsi: *man up*, comportati da uomo.

La trovo triste per due ragioni: anzitutto perché viene ripetuta costantemente agli uomini, a partire da quando sono bambini, impedendogli di fatto di esplorare il "parco emozioni" che dovrebbe essere a disposizione di ogni essere umano (la tristezza, la debolezza, la sconfitta); e poi perché ogni tanto viene detto anche alle donne, passando quindi indirettamente il messaggio che quelli forti, quelli che ce la fanno, sono gli uomini. Quindi comportati come se fossi un uomo anche tu e riuscirai nella vita.

Kyle *Guante* Tran Myhre è un poeta, educatore e attivista di Minneapolis che nei suoi lavori esplora la relazione fra identità, potere e resistenza. Propone riflessioni nelle *poetry slam*, gare di poesia dove questa viene spesso utilizzata per introdurre argomenti attuali e complessi, come può esserlo la mascolinità tossica. Assieme a Tony the Scribe (rapper, produttore e scrittore di Minneapolis) tiene il podcast *What's Good, Man?*, che parla di uomini, mascolinità e cultura.

Guante ha scritto una poesia: *10 risposte alla frase*

«Comportati da uomo», che nel 2017 Elisa Sanguineti ha tradotto e Bossy ha pubblicato in un articolo.

Siccome so quanto sia importante sentire qualcuno che percepisci come vicino a te, dire cose che pensi anche tu o che ti accorgi che in quel momento stai pensando anche tu, ho creduto potesse essere più utile fare chiudere a Guante questo capitolo sugli uomini, perché sono certa che abbiano bisogno di sentirsi invitati, anzitutto da altri uomini, a mettersi in discussione.

10 risposte alla frase «Comportati da uomo»

Uno: Vaffanculo.

Due: Se hai intenzione di mettere in discussione la mia mascolinità come se fossimo in cerchio nel cortile della scuola a insultarci, come se ci stessimo sfidando in un duello con delle spade laser in erezione, risparmia il fiato. Perché contrariamente a quanto tu possa credere, non tutti i problemi possono essere risolti "tirando fuori le palle". Non è facendo a cazzotti che uscirai dalla depressione chimica. All'amministratore delegato che ti ha appena licenziato non importa niente di quanto sollevi di panca, e stai pur certo che nell'universo non esiste birra chiara che sia abbastanza corposa da farti amare te stesso.

Tre: Oh, «Comportati da uomo», sì, giusto, lo dice quel nuovo supereroe, vero? Quel commerciante di buone maniere che vende integratori, quel Mark

Manstrong che pronuncia la formula magica «Comportati da uomo» e si trasforma nella barba ispida post rasatura; quel Superman muscolosissimo, con la voce profonda, che indossa quell'impermeabile di pelle e che difende il mondo da... Non so, i sentimenti.

Quattro: Ma certo. Perché lottare per liberarci delle nostre catene, quando potremmo semplicemente confrontarne la lunghezza? Perché uscire dalla gabbia, quando la gabbia è piena di adesivi fichissimi a forma di fiamma? Noi uomini siamo sigarette. Pericolosi... velenosi e stupidi.

Cinque: Hai mai notato che nessuno dice: «Comportati da donna»? Lo danno per scontato. Perché le donne e il movimento femminile hanno capito da un bel pezzo che farsi comandare direttamente ed esplicitamente da pubblicità, riviste e musica è disumanizzante. Quando lo capiranno gli uomini?

Sei: La frase: «Comportati da uomo» implica che la competenza e la perseveranza siano caratteristiche esclusivamente maschili; che le donne – per non parlare degli uomini che non mangiano bistecche, non guidano macchinoni giganti e non fanno del gran sesso con le donne – non siano niente. Niente più che personaggi secondari, spunti umoristici, arredi scenici; ma soprattutto implica che essere te stesso, sia che tu indossi dei jeans aderenti, o che ti metta un filo di eyeliner, o beva una birra chiara di un diverso marchio, o scriva poesie, ti costerà caro.

Sette: Quindi quanti ragazzi dovranno suicidarsi prima che il Paese prenda atto del problema? Quante donne dovranno essere vittime di molestie? Quante persone trans dovranno essere assassinate? Insegniamo ai ragazzi come indossare i panni di un uomo, ma insegniamo loro anche come sventolare quei panni come una bandiera, e come ferire in suo nome.

Otto: I bambini ricevono calzini azzurri. Le bambine li ricevono rosa. E il viola? E l'arancione? E il verde? E il ceruleo? Il nero, la fantasia, i quadrettoni, l'arcobaleno? Io…

Nove: …voglio essere libero di esprimermi. Comportati da uomo. Voglio avere un rapporto emotivo e significativo con i miei fratelli. Comportati da uomo. Voglio essere debole qualche volta. Comportati da uomo. Voglio essere forte, ma senza dare l'idea di potere fisico o dominio. Comportati da uomo. Voglio parlare con mio figlio di qualcosa che non sia lo sport. Comportati da uomo. Voglio essere me stesso. Comportati da uomo.

Dieci: No.

9

LINGUAGGIO

Abusando di una citazione conosciutissima di Nanni Moretti, dirò che le parole sono importanti.

Infatti non solo attraverso il linguaggio metacomunichiamo strutture di potere, ma addirittura includiamo o escludiamo più o meno direttamente alcune categorie di persone dalle nostre riflessioni.

Recentemente, parlando di linguaggio, sono due le obiezioni che sento più spesso, la prima riguarda questo «noioso e cacofonico utilizzo del femminile», mentre la seconda si concentra sull'"antiestetico e incomprensibile asterisco".

Andiamo a esplorarle singolarmente.

Usare il femminile

Mentre pensavo a come scrivere questo capitolo, mi sono ritrovata combattuta fra due ipotesi: la prima prevedeva una lunga introduzione sull'evoluzione della lingua e su come certi termini abbiano avuto bisogno di tempo per essere metabolizzati e inseriti nel linguaggio comune, la seconda andava dritta al punto, senza troppi complimenti o giri di parole.

Leggendo il libro fin qui, avrete capito che preferisco sempre l'immediatezza al vezzo artistico, perciò ho deciso di parlare dell'elefante nella stanza e basta: se ministrA suona male ma contadinA no, il problema non è di tipo linguistico, è sessista.

Va subito detto che i termini al femminile che solo ora cominciamo a vedere utilizzati sono sempre stati presenti nel vocabolario della lingua italiana. Ci tengo a sottolinearlo, perché ho sentito più di una persona lamentarsi di questi «neologismi inutili». Ma qui non c'è nessun neologismo! Ministra, sindaca, assessora. Sono sempre esistiti come termini. Solo che prima non li usavamo.

E come mai non li usavamo? Perché non c'erano donne a occupare quelle posizioni.

Mentre contadina, maestra, lavandaia... Di quei mestieri avevamo ovunque esempi al femminile, perciò li utilizzavamo (e utilizziamo) senza problemi.

Ora però le donne stanno cominciando a occupare (anche se a fatica) posizioni di potere, perciò il linguaggio dovrebbe adeguarsi alla realtà. Nei fatti, invece, il femminile per alcune professioni è ancora inutilizzato. Addirittura, nei casi in cui il termine è neutro (presidente, parlamentare e così via) e basterebbe cambiare l'articolo, ci si ostina a utilizzare il maschile. Come quando Laura Boldrini era IL Presidente della Camera.

Naturalmente, non sono solo gli uomini ad avere questo tipo di resistenza. Moltissime donne ministre, sindache e assessore parlano di sé in termini maschili, preferiscono che venga utilizzato il maschile.

Non stupisce affatto (e ormai la ragione dovrebbe essere chiara). Il maschile viene percepito come superiore, conferisce serietà e autorità. Se tu, donna, ti presenti citando al maschile la tua carica, verrai presa maggiormente sul serio.

Per la stessa ragione fatichiamo anche solo a pensare al maschile altri tipi di professioni: la maestra, la segretaria, la donna delle pulizie (questo esempio poi è agghiacciante). Sono lavori considerati umili, spesso retribuiti meno di quanto dovrebbero, ed è difficile che sia un uomo a svolgerli. Perché? Perché l'uomo può puntare a carriere più di successo e più remunerative. Anzi, mi correggo. L'uomo DEVE puntare a carriere più di successo e più remunerative. Una maestra sta seguendo la sua vocazione di donna che ama i bambini, un maestro si sta accontentando (e anzi, siamo sicuri di voler lasciare i nostri figli a un uomo? Non è un po' strana tutta questa passione per dei minori? Abbiamo fatto degli accertamenti?).

Se io non nomino una cosa, quella cosa non esiste. Oppure esiste, ma fa fatica a venire accettata.

L'accorgimento di fare concordare il genere con la

persona richiede uno sforzo minimo in termini cognitivi, e può invece portare un enorme cambiamento culturale, capace di instradarci sul cammino che ci porterà a essere un po' più vicini alla parità.

L'asterisco

La lingua italiana è fondata sul maschile, questo dobbiamo ricordarcelo.

La normalità è l'uomo, la donna è l'altro. L'articolo 3 della Costituzione italiana dice che *tutti i cittadini hanno pari dignità sociale e sono uguali davanti alla legge* [...]. Naturalmente non si sta parlando solo degli uomini, semplicemente dicendo «cittadini» ci si riferisce anche alle cittadine.

Però, come abbiamo visto, l'esistenza e la visibilità passano anche dalla lingua, perciò sempre più spesso si cercano soluzioni più inclusive, per evitare di partire dal presupposto che il maschile vada bene per tutti (e tutte) e che il suo utilizzo esclusivo non generi conseguenze tangibili di tipo sessista.

Una delle modalità trovate è, appunto, l'asterisco.

Il suo utilizzo nella forma scritta (anche perché, non corrispondendo a un fonema, risulta impossibile da utilizzare nel parlato – a meno di non voler silenziare l'ultima vocale) confonde e non poco.

In realtà, se dovessimo limitare questo ragionamento alla questione uomo/donna, potremmo tranquillamente sostituire l'asterisco con un *a/o*, oppure *i/e* quando il termine è al plurale.

Se, ad esempio, si volesse sensibilizzare il pubblico sulla possibilità che anche gli uomini siano vittime di violenze, scrivere: «Chi di voi è stat* vittima di stupro?» e scrivere: «Chi di voi è stato/a vittima di stupro?» sarebbe la stessa cosa, il messaggio passerebbe ugualmente.

Ma in questo caso la scelta dell'asterisco risponde a due bisogni:

1. Risparmiare il numero di caratteri, rendendo la frase visivamente più scorrevole
2. Enfatizzare la metacomunicazione. Infatti, siamo più abituati a vedere un *o/a* che un *. Per questa ragione, se il mio obiettivo è catturare l'attenzione del lettore (o della lettrice) e farlo/a ragionare proprio su quel punto, ossia il fatto che tutti possano essere vittime di violenze, l'asterisco sarà più efficace (a patto di conoscere il senso del suo utilizzo)

C'è però un caso in cui *o/a* non basta più, ed è quando è necessario uscire dalla logica binaria uomo/donna. Ci sono infatti persone che non si identificano in nessuno dei due generi, o si indentificano in entrambi, o ancora vivono l'identità come qualcosa di fluido.

Sono le persone non binarie.

Metto le mani avanti perché sono consapevole che per alcuni/e questo discorso potrebbe risultare incomprensibile. Se già spesso si ha difficoltà a comprendere come una persona possa essere transgender (cioè avere un sesso assegnato alla nascita che non corrisponde alla propria identità di genere – esempio: sono nata con il pene ma mi sento una donna, sono nato con la vagina ma mi sento un uomo), l'idea che qualcuno possa essere non binario destabilizza completamente.

Non ho intenzione di giudicare questa sensazione di spaesamento, a patto che anche voi vi asteniate dal giudicare una persona non binaria, pure se a voi risulta incomprensibile (ricordate il patto che abbiamo fatto all'inizio di questo libro, quando vi ho detto che leggerlo avrebbe comportato uno sforzo e vi sareste potuti irritare?).

In realtà, il modo migliore per comprendere il non binarismo è quello di parlare con una persona non binaria (se non ne conoscete personalmente, su YouTube ci sono diversi video di persone non binarie che raccontano la loro esperienza). Quello che ho capito da esterna, parlando con amici non binari (e sempre ricordando che nessuno parla per un'intera categoria, quindi in ogni caso è utile ascoltare più voci), è che in un mondo che dice che esistono solo due generi, considerati opposti e mutualmente escludenti (uomo o donna), ci sono anche persone la cui esperienza di genere non rientra in questo binario. L'artista e attivista LGBTQ+ Melanie Gillman descrive il non binarismo in una maniera interessante, dicendo che solitamente le persone spiegano il genere non binario utilizzando uno spettro (o meglio, un gradiente), ai cui estremi ci sono il maschile e il femminile. L'implicazione che ne consegue è che se non ti senti femmina è perché ti senti un po' più maschio, o viceversa. Ti sposti comunque su quell'asse. Gillman invece sostiene di non trovarsi proprio sull'asse, ma più lontano, in un altro punto, e dice che forse sarebbe meglio pensare al genere come a una galassia: la maggior parte delle persone tende a orbitare attorno a un centro gravitazionale (maschio, femmina), ma non è così per tutti. In più, le orbite possono cambiare, i centri possono cambiare e non c'è alcuna ragione di pensare che debbano esistere solo due centri gravitazionali.

Ovviamente, data la complessità del tema, non è questa la sede per discutere nel dettaglio dell'identità di genere non binaria (soprattutto bisogna ascoltare persone più competenti e, perché no? direttamente implicate), ma mi premeva introdurre anche solo brevemente l'argomento per spiegare i motivi dell'importanza dell'asterisco per queste persone.

Usare * al posto di *a/o* equivale a dire: mi ricordo che esistete anche voi, vi rispetto e vi includo nel discorso (persino se ancora non sto riuscendo a capirvi). La comprensione può arrivare dopo.

Questo esempio ci aiuta a capire quanto dicevamo qualche capitolo fa parlando di femminismo intersezionale: le discriminazioni sono concatenate. Qui, come abbiamo visto, il sessismo si interseca con l'identità di genere e le discriminazioni a essa collegate.

È perciò doveroso concludere questa riflessione sulla parità citando altre questioni, che qui non sono state affrontate perché richiedono competenze ancora più specifiche, ma che vanno presentate anche solo in maniera più generale. Da donna bianca, abile, della classe media, eterosessuale e cisgender (il contrario di transgender, cioè chi si identifica con il sesso con cui è nato), tacerle equivarrebbe a non utilizzare il mio privilegio per fare qualcosa di utile, limitandomi ad averlo.

E senz'altro, presto o tardi, mi ritroverei a giudicarmi per questo.

10

CHE ALTRO C'È?

Non so quanti di voi ricordino il film d'animazione *L'incantesimo del lago*.

In breve, racconta la storia di Derek e Odette, promessi sposi fin da piccoli, che inizialmente non si sopportano e poi, una volta cresciuti, si innamorano. Verso l'inizio della storia si vede il momento del colpo di fulmine, durante il quale i due protagonisti si rendono conto di essere diventati adulti e di provare interesse l'uno per l'altra.

Durante un ballo, Derek chiede a Odette di sposarlo, perché lei è tutto ciò che ha sempre desiderato. «Sei bellissima...» A quel punto, lei dice: «Grazie, ma che altro? È solo la bellezza che conta per te?» e lui risponde con una frase diventata poi iconica: «Che altro c'è?».

Naturalmente Derek è in buona fede, solo che non è mai stato spinto a pensare che potesse esserci dell'altro, e così si ritrova a fare la figura dello stolto.

In fondo, siamo tutti un po' dei Derek, perché presi dalla nostra vita, dalle nostre convinzioni e dal nostro punto di vista, spesso ci dimentichiamo di domandarci se ciò che stiamo vedendo sia effettivamente tutto ciò che c'è.

Occupandomi di parità e femminismo per lavoro, mi riesce ormai piuttosto semplice notare le discriminazioni che hanno a che fare con il genere, ma certo non significa che non ne esistano tante altre.

Parlarne approfonditamente in prima persona, però, per me avrebbe significato prendere uno spazio che non sento mio, improvvisandomi esperta di qualcosa che non rientra nei miei studi.

Il contrario, cioè non parlarne proprio, non era pensabile. Il fatto che io non sia abbastanza competente per scriverne approfonditamente non significa che possa decidere di non far sapere a chi mi legge che esiste dell'altro. Il minimo che posso fare è sensibilizzare chi mi legge riguardo a certi temi.

Nel frattempo, sto cercando, nei miei progetti online, di dare spazio a queste discriminazioni facendo parlare chi le vive e chi le ha studiate, mettendomi da parte e utilizzando la mia visibilità per far conoscere ad altri la loro esistenza (e chissà che, in futuro, la stessa cosa non si possa fare anche utilizzando la forma scritta).

Omobitransfobia

In questa categoria di discriminazioni rientrano tutte quelle che le persone subiscono perché hanno un orientamento sessuale e/o un'identità di genere diversa dalla normalità (intesa in senso statistico).

L'omofobia riguarda le persone omosessuali (gay, lesbiche), la bifobia quelle bisessuali (attratte da entrambi i generi – c'è un termine ancora più inclusivo che tiene conto delle persone non binarie, ossia "pansessuale", anche se la differenza tra i due termini è sempre più labile e spesso arbitraria, per questo sarebbe meglio ogni volta chiedere direttamente a una persona bisessuale o pansessuale cosa intenda lei con quel termine), mentre la transfobia riguarda le persone transgender.

Naturalmente, ci sono gradi diversi di discriminazione: si va dal pettegolezzo alla presa in giro, all'offesa, alla violenza. Come si diceva qualche capitolo fa, sono tutte da combattere, perché se lasciamo correre una presa in giro perché «va be', sono ragazzi, stanno solo scherzando», quella diventerà terreno fertile per una futura offesa, che a sua volta potrebbe preparare il campo per una violenza.

Un po' troppo spesso si sente un altro termine, collegato all'omobitransfobia, che viene interpretato in maniera errata: eterofobia.

Un gruppo di ragazzi gay sta parlando male della

categoria degli eterosessuali? «È una discriminazione al contrario, è eterofobia!»

Di base, tutto ciò che è "discriminazione al contrario" non esiste. È la stessa discriminazione che genera effetti diversi. Se le persone che fanno parte della comunità LGBTQ+ (lesbiche, gay, bisessuali, transgender, queer e molto altro) vengono costantemente discriminate da altre persone che, guarda caso, sono eterosessuali (e cisgender), non stupisce che alcune di queste poi abbiano un pregiudizio negativo nei confronti degli eterosessuali. Ma questa non è una discriminazione al contrario, è semplicemente il risultato della discriminazione esistente, cioè dell'omobitransfobia. Quindi, certo che ci sono "gay che provano sentimenti negativi nei confronti degli etero" (eterofobia, se così vogliamo impropriamente chiamarla), ma questo sentimento non è comparso dal nulla: è il risultato dei comportamenti che molti etero hanno nei confronti della comunità LGBTQ+. Affermare che l'eterofobia non esista è ingenuo, ma trattarla come se fosse una discriminazione, per cui «poveri etero», è assurdo. Anche perché, per quanto un etero possa essere oggetto di prese in giro da parte di una persona omosessuale, la sua vita non cambierà di una virgola. Nessuno si metterà improvvisamente a picchiare una coppia eterosessuale in mezzo alla strada, solo per il fatto di essere una coppia eterosessuale.

Sì, alcuni gay non sopportano gli etero. Domandiamoci perché, però, anziché gridare alla discriminazione al contrario.

Vogliamo poi dirci che l'odio è controproducente in ogni caso? Verissimo. Ma da qui a mettere sullo stesso piano i due fenomeni, ce ne passa.

Anche perché alle persone non si dà e toglie potere a piacimento. La comunità LGBTQ+ viene quasi sempre bistrattata e trattata come fosse invisibile in questa società, non può improvvisamente acquistare dignità ed esistenza solo quando la categoria dominante si sente attaccata. Se non valgono niente, anche la loro "discriminazione" nei tuoi confronti non è importante e non ti tocca (e nei fatti, è così); se invece ti lamenti perché ti senti discriminato, devi pensare che le loro azioni abbiano un peso sempre, anche quando dicono cose che non ti piacciono. Ad esempio, quando chiedono diritti che dovrebbero possedere di default in quanto esseri umani.

L'omobitransfobia è una paura irrazionale nei confronti di qualcosa che non si conosce (la comunità LGBTQ+).

L'eterofobia è una paura razionale, spesso fondata su esperienze passate (e dunque, forse, sarebbe il caso di non chiamarla proprio "fobia").

Sono due cose differenti.

Per approfondire i temi legati al mondo LGBTQ+ si possono seguire pagine e siti internet come gay.it, gayburg.com, i Sentinelli di Milano.

Razzismo

Anche in questo caso, il discorso è molto simile.

Sulla storia del razzismo hanno scritto persone decisamente più competenti di me, così come sulla difficoltà delle persone di colore (cioè tutte le persone che non sono bianche) a parlare di razzismo con i bianchi (trovate qualche titolo al riguardo nella bibliografia in fondo al libro, uno su tutti *Why I'm No Longer Talking to White People About Race* di Reni Eddo-Lodge).

Il punto che vorrei brevemente trattare riguarda, ancora una volta, il razzismo al contrario.

Ovviamente esistono persone di colore cui i bianchi non stanno propriamente simpatici, è inutile negare il fenomeno. Ma la ragione per cui non hanno in simpatia i bianchi non va ricercata in una nuova forma di razzismo, quanto invece nel razzismo che conosciamo già benissimo e che genera conseguenze.

Se per tutta la vita le persone che ti hanno fatto sentire inferiore e ti hanno discriminato avevano la pelle bianca, sarà difficile per te non fare di tutta l'erba un fascio e non pensare che i bianchi, l'intera categoria, siano persone cattive, da non frequentare.

Perché non si tratta di razzismo al contrario? Perché questo odio non ha minimamente le stesse conseguenze del razzismo dei bianchi. Non viene istituzionalizzato fino a rendere la vita di una persona bianca più difficile di quella di una persona di colore.

Si tratta comunque di una generalizzazione e in quanto tale non aiuta a progredire come società, ma da persona bianca non potrei dire di sentirmi in pericolo a camminare nel mondo con il mio colore di pelle. Tante persone di colore non hanno lo stesso privilegio (e in Italia, nel 2020, il fatto che non ce l'abbiano è allarmante).

Qualcuno ogni tanto sui social mi dice: «Sono stato in vacanza in Francia, o Germania, o Spagna... e mi hanno preso in giro». In quel caso non si tratta di razzismo, ma di xenofobia, la paura dello straniero.

I due fenomeni non sono comparabili per una ragione: qualunque italiano può fingere di non essere italiano, ma nessun nero può fingere di non essere nero.

La xenofobia si basa su caratteristiche culturali, il razzismo anzitutto su caratteristiche fisiche.

E per quanto magari io possa rimanere male a vedere la mia nazionalità ridotta a stereotipo (ed è comprensibile che ci rimanga male e che la cosa mi dia fastidio), non posso paragonare quel comportamento al razzismo e alle sue conseguenze sulle persone che non sono bianche. Ancora una volta, non è una gara a chi è più discriminato, e comunque davvero qualcuno potrebbe mai desiderare di vincere il primo premio?

Per entrare un po' di più in questa logica, vi segnalo il sito afroitaliansouls.it e l'account Instagram @unavitadistendhal (all'anagrafe Espérance Hakuzwimana Ripanti, di cui trovate il libro *E poi basta* in bibliografia).

Abilismo

Una persona abile è una persona che non è disabile.

Abbiamo detto che il linguaggio è importante, poiché veicola dei messaggi. Nella frase precedente, quindi, ho commesso un errore. Non si dovrebbe infatti parlare di persone disabili ma di persone con disabilità. Sembra un vezzo linguistico, invece fa molta differenza. Dire che una persona è disabile, utilizzando il verbo essere, significa farla coincidere con la sua disabilità. Dire che una persona ha una disabilità, utilizzando il verbo avere, aiuta a far comprendere come quella disabilità sia solo una caratteristica di quella persona, che continua a essere anche molto altro.

Ognuno di noi, in fondo, ha una disabilità: c'è chi ha l'allergia al polline, chi porta gli occhiali perché ci vede poco, chi non può mangiare certi cibi perché lo fanno stare male. Ma nessuno "è" la propria cartella clinica.

La prima cosa di cui non ci si rende conto, da persone senza disabilità evidenti (o considerate evidenti), è proprio questa. Avere una disabilità certo ti complica la vita (a chi più e a chi meno), certo può impedirti di fare certe cose, ma non ti toglie lo status di persona. Non diventi una categoria ambulante, continui ad avere tratti caratteriali tipici degli esseri umani, perché quello sei: un essere umano.

Quando si parla di disabilità invece, accadono diverse cose.

A volte si prende la strada del pietismo, «poverino, lui», fino a trattare la persona come se non avesse delle responsabilità, come se non potesse fare errori o essere ripreso per questi perché «nella sua condizione...». Invece è il caso di ricordare che una persona con disabilità può essere, come tutti, buona o stronza, e in entrambi i casi siamo liberi di dirlo come lo diremmo per chiunque altro (poi possiamo interrogarci sull'utilità di esprimere un giudizio su una persona, ma questo è un altro discorso e si applica anche alle persone senza disabilità). Altre volte invece si tratta la persona come se fosse un bambino, per cui qualsiasi azione normale viene elogiata come fosse un enorme traguardo raggiunto («Guarda che bravo, sa fare 3x3 nonostante sia in carrozzina!» Qual è il nesso?). Altre volte ancora ci si lascia prendere dal racconto dell'eroe, da elogiare perché anche questa mattina si è alzato dal letto anziché farla finita.

Un'altra discriminazione, più subdola, riguarda il fatto che una persona con disabilità spesso si veda costretta a parlare solo di quello. L'amico e collega Iacopo Melio, che «vive con le ruote per terra, ma fa salti altissimi», quando gli ho proposto di creare insieme un contenuto da mettere online, è stato molto chiaro: «Irene, va benissimo, basta che non mi fai parlare di disabilità!».

Non ho ancora letto a sufficienza sull'argomento, ma sicuramente proprio *Faccio salti altissimi* è il libro da leggere per comprendere un po' meglio certe discriminazioni (dalle barriere architettoniche di cui le persone senza disabilità non si accorgono nemmeno agli occhi spiritati dei parenti e degli amici quando una persona con disabilità dice di avere un interesse sessuale per qualcuno.).

Un altro contenuto che vi consiglio è il Ted Talk di Sofia Righetti, del 2015 al TEDxVerona.

Classismo

A questa discriminazione ho cominciato a prestare più attenzione da quando sono su LinkedIn, perché spesso vedo messaggi motivazionali che suonano più o meno così: se vuoi, puoi (e quindi se non ce l'hai fatta, non l'hai voluto abbastanza).

Trovo che scrivere una frase simile significhi dare per scontato un privilegio di cui spesso nemmeno ci si accorge: avere la disponibilità economica di fare certe cose.

Sicuramente l'impegno conta e non me la sentirei di dire che i risultati che ho ottenuto li ho ottenuti solo perché sono cresciuta in un contesto agiato: conosco persone molto più benestanti di me che non hanno raggiunto altrettanti risultati, quindi ovviamente il mio impegno deve pur valer qualcosa. Ma non è l'unica cosa che mi ha portata dove sono ora (ho una laurea, un lavoro, due libri pubblicati, un podcast all'attivo...), questo devo riconoscerlo per una questione di onestà.

Il fatto che i miei genitori abbiano potuto permettersi di pagarmi gli studi ha influito sul raggiungimento dei miei obiettivi, sulle tempistiche e sulle modalità. Non ho avuto l'obbligo di lavorare fino a 23 anni (nonostante in parte lo abbia fatto lo stesso), non ho studiato con l'ansia di non sapere se sarei riuscita a pagare la retta, ho potuto utilizzare quel tempo per specializzarmi ancora di più, creando le basi che mi hanno poi portata a fare il lavoro che faccio.

Molte persone non hanno avuto questo privilegio. Non solo hanno dovuto lavorare per pagarsi gli studi, ma moltissime altre non hanno potuto studiare perché hanno dovuto cominciare a lavorare e basta, per mantenere sé e aiutare la propria famiglia.

Certo che mi sono impegnata per raggiungere certi risultati, ma davvero mi vergognerei se dicessi che invece altri non ce l'hanno fatta perché non lo hanno voluto abbastanza.

Le condizioni di partenza hanno un peso, non possiamo dimenticarcelo, e la disponibilità economica non fa eccezione.

Ovviamente essere benestanti è una fortuna. Significa che non lo si è scelto (dunque è inutile crocifiggersi e pensarsi come degli ingrati che devono espiare la colpa di essere capitati in una famiglia mediamente benestante), ma significa anche che non è un merito; al massimo il merito è dei genitori per avere risparmiato (e dunque sarebbe il caso di diventare consapevoli di questo privilegio e poi domandarsi come utilizzarlo per aiutare altri).

Quello che non vedo

Mi piacerebbe pensare che la lista finisca qui, invece sono consapevole che sia molto più lunga e che semplicemente io sia così fortunata da potermi permettere di non rendermene neanche conto.

Per quanto sia sensibile all'argomento, ci sono discriminazioni che non vedo, perché il mio privilegio è tale da permettermi di vivere bene anche avendo enormi punti ciechi.

Questa è la ragione per cui è importante ascoltare gli altri, le loro storie, quello che hanno da dire.

Perché la loro vita non è la nostra, le loro esperienze non sono le nostre e per questo possono arricchire la nostra conoscenza del mondo e delle persone che lo abitano.

Chi crede potrà raccontarmi delle discriminazioni che subiscono le persone che hanno una fede, chi ha scelto uno stile di vita vegano saprà spiegarmi i trattamenti spesso atroci che riserviamo agli animali, chi si occupa di economia avrà gli strumenti per farmi comprendere cosa significhi sfruttare degli esseri umani che sono lontani da noi per permetterci di comprare ogni giorno un vestito nuovo a un prezzo irrisorio.

So che ho ancora molto da imparare, so che la parità si raggiungerà quando riusciremo anzitutto ad avere un quadro il più completo possibile delle discriminazioni presenti nel mondo e so che questo accadrà solo con l'aiuto degli altri. A salvarci sarà questo: la consapevolezza socratica di "sapere di non sapere".

Essere consapevoli di avere ancora tanto da scoprire ci permette di mantenere uno sguardo attento, di non minimizzare il racconto di un'altra persona solo perché non conferma le nostre ipotesi, di farci costantemente quella famosa domanda: «Siamo sicuri che vada tutto bene?».

Se un problema ci sembra un'esagerazione, spesso è perché non ci riguarda.

Però riguarda un altro essere umano, e questo dovrebbe bastare.

So che al momento non è così, ma non smetterò di sperarci.

Il fatto che un essere umano ci dica di non stare bene e ci chieda aiuto dovrebbe bastare per farci tendere una mano, aprire gli occhi, il cuore, i porti.

Dovremmo sentirci grati che un'altra persona stia facendo affidamento su di noi. Certo anche responsabilizzati, impauriti forse, ma anzitutto grati. Grati perché la nostra esistenza ha un senso che non finisce con noi. Grati perché possiamo essere utili. Grati perché possiamo migliorare le cose.

Perché no, non va tutto bene, non va bene per niente. Ma non finisce qua.

Perché come dice Brunori Sas (pensavate davvero potessi concludere senza un'altra citazione?): «Non sarò mai abbastanza cinico da smettere di credere che il mondo possa essere migliore di com'è, ma non sarò neanche tanto stupido da credere che il mondo possa crescere se non parto da me».

Questo è il mio augurio: partiamo da noi.

Adesso.

CHI SONO E PERCHÉ HO VOLUTO SCRIVERE QUESTO LIBRO

La mia passione per tutto ciò che è pop (anche – ma non solo – nel senso di popolare) mi porta a fare l'ennesima citazione. In *Sogni d'oro*, Nanni Moretti dice: «Non parlo di cose che non conosco». È una regola che ho sempre amato seguire, mi fa sentire onesta e pronta alle critiche. Mi piace padroneggiare gli argomenti di cui parlo, ragion per cui non potrei mai scrivere un libro di ricette.

Questo libro è il risultato di un percorso cominciato nel 2011. Mi sono laureata in Psicologia dei processi sociali, decisionali e dei comportamenti economici all'Università di Milano Bicocca.

Durante la magistrale, una professoressa e il suo corso mi hanno fatto capire, per la prima volta, di cosa mi sarei voluta occupare nella vita. La professoressa è Elisabetta Camussi e il corso si chiama Psicologie delle differenze e delle disuguaglianze. Durante le sue lezioni ho provato una sensazione rara (ed è triste che sia così): la voglia di studiare e di saperne di più sulla materia, non per prendere 30, ma per farmi una cultura su un argomento che mi stava affascinando. A partire da quel momento sono arrivate un sacco di altre cose (sì, anche il 30).

Il primo passo che ho mosso nella direzione della parità è stato co-fondare Bossy (www.bossy.it) nel 2014, un progetto che si occupa di parità nella sua accezione più ampia e che nel 2017 è diventato un'associazione di cui sono la presidente. Il sito propone ogni settimana diversi articoli scritti da giovani adulte e adulti, nei quali vengono trattati i temi più disparati. Recensiamo libri e serie tv, consigliamo film e mostre, discutiamo di politica e società.

Parallelamente, organizziamo eventi per le ragazze e i ragazzi più giovani, dalle conferenze per riflettere assieme su temi attuali, ai balli di fine anno, alle varie preparazioni al Pride.

Il team, che comprende redattori, illustratori, reparto social e molto altro, è composto da una quarantina di persone che hanno deciso di fare volontariato in questo modo.

L'associazione si sostiene grazie allo shop presente sul sito, dove il prodotto di punta è sicuramente il nostro calendario intersezionale. Ogni anno scegliamo dodici temi che abbiano a che fare con la parità e chiamiamo dodici artisti a illustrarli. All'interno, oltre alle ricorrenze canoniche sono inserite anche le date importanti per il femminismo e la comunità LGBTQ+.

Nel 2016 ho preso poi una decisione che, senza saperlo, mi avrebbe cambiato la vita.

Avevo un canale YouTube (@cimdrp) dove creavo contenuti… vari. Non c'era un progetto, una visione. C'era una ragazza che aveva voglia di condividere, ma non sapeva bene cosa.

A un certo punto mi sono chiesta se anche quella piattaforma sarebbe potuta diventare un megafono per affrontare i temi che mi stavano ogni giorno più a cuore. Così è nata la mia rubrica *Parità in pillole*, che poi dà il titolo a questo libro.

Ogni settimana, per quattro anni, ho pubblicato un video di pochi minuti per affrontare un tema specifico. Ho registrato centocinquanta puntate e collezionato un numero infinito di tesine di maturità sugli argomenti trattati, inviatemi dalle ragazze e i ragazzi che mi seguono. È, senza modestia alcuna, la cosa di cui vado più fiera, in assoluto l'idea migliore che mi sia mai venuta. Ho fatto male tante cose nella mia vita e altrettante continuo a farle malissimo, ma questa no, questa l'ho fatta bene. La rubrica ora si è conclusa, online mi vedrete impegnata in altre cose e più dietro le quinte, ma le puntate sono ancora tutte disponibili.

Parità in pillole mi ha permesso anche di andare con Bossy a parlare nelle scuole.

Ho girato decine di istituti in tutta Italia (due volte anche in Svizzera), chiamata dalle ragazze e dai ragazzi che ci tenevano talmente a discutere dal vivo di questi argomenti da andare in presidenza a chiedere un'assemblea d'istituto dedicata. So che i ringraziamenti vanno alla fine, ma se qualcuna delle persone che stanno leggendo questa premessa è una di quelle che mi hanno chiamata a scuola, grazie. Avete fatto una cosa grande, spero lo sappiate.

Nel 2018 è nato Bossy+ (www.bossyplus.it), il progetto dedicato al mondo profit.

Aiutiamo le realtà lavorative a utilizzare un punto di vista inclusivo nei loro eventi, nella loro immagine e nella loro vita aziendale, attraverso consulenza e formazione. Personalmente, lavoro dal 2013 come formatrice, occupandomi di *soft skill* (la capacità di stare in relazione, di comunicare, di ascoltare veramente qualcuno – temi che ho affrontato nel mio primo libro) e mi è sembrato naturale unire questa competenza con le mie conoscenze in tema *diversity*. Per essere un progetto giovanissimo, ci ha già regalato molte soddisfazioni e ci ha permesso di introdurre questi temi in alcune organizzazioni. Anche in questo caso ho un grazie particolare per chi si è fidato di noi.

Questo è il mio background, la mia storia, il mio punto di partenza.

RINGRAZIAMENTI

L'ultima e unica volta che ho scritto dei ringraziamenti l'ho fatto per la mia tesi di laurea nel 2013.

È interessante rendersi conto di come alcuni nomi continuino a esserci e altri invece abbiano preso strade diverse. Credo che comincerò a ringraziare per questo, per le persone che sono rimaste e per quelle che sono andate, sono sicura che ci sia un senso dietro tutto ciò.

Grazie a Rizzoli, alla mia editor Lydia Salerno e a Marianna Loy per aver avuto fiducia in me e in questo progetto. Non era un argomento semplice da affrontare, ma hanno accettato la sfida con il sorriso di chi sente che andrà bene. Ora sono io a fidarmi di loro.

Grazie a Chiaralascura per le bellissime illustrazioni che aprono ciascun capitolo di questo libro, che meraviglia lavorare con una persona del genere.

Grazie a Giulia Blasi, per aver innescato la miccia che ha portato a questo libro, in più di un senso.

Grazie a Maura Gancitano e alla casa editrice Tlon, perché mi ricordo bene cosa vuol dire avere qualcuno che professionalmente crede così tanto in te per la prima volta.

Grazie al mio babbo e alla mia mamma per il supporto che non è mai mancato, in questo libro e nella vita in generale. Avere loro come genitori è una bella fortuna e un gran privilegio.

Grazie a Gabriele, per esserci sempre nonostante la distanza. Ormai non ci servono neanche più le parole. Le citazioni invece sì.

Grazie a Virginia e a Barbara per tutte le volte in cui mi hanno detto che le cose sarebbero andate bene.

Grazie a Bellamy, per il confronto costante, la stima e l'amicizia. Siamo poco inclini alle smancerie e lo sappiamo, quindi queste righe valgono doppio.

Grazie a Jude e a Iacopo, per essere intervenuti là dove le mie competenze scarseggiavano e avermi aiutata a capire dove stessi sbagliando.

Grazie ad Alessandra, per non avermi mandato a quel

paese neanche una volta in questi mesi, nonostante ne avrebbe avuto tutte le ragioni.

Grazie a Mara e Chiara del progetto Belle di Faccia, per avermi insegnato tanto sul movimento body positive.

Grazie a Giulia, per aver dato nuova vita a un hashtag che era nato veramente male.

Grazie a Yves, per la sua capacità di chiamare «successi» quelli che io vedo come miei risultati mediocri. Non smetterà mai di servirmi questo punto di vista.

Grazie a Susanna, che durante la scrittura del libro mi ha mandato quasi giornalmente video di suo figlio Enea per farmi sorridere. Ci sei riuscita.

Grazie a Giona, per rimanere il fan numero uno. E per la pasta tricolore.

Grazie a Jack, per resistere.

Grazie a tutto il gruppo del liceo, che si trasforma in un gruppo di cheerleader ogni volta che raggiungiamo un obiettivo.

Grazie a Carolina, per la sua infinita gentilezza sempre.

Grazie a Erika, perché combattere il patriarcato è sfinente e ogni tanto ho bisogno di essere solo "piccola pupi".

Grazie a Mc Nill (Giulia), per essere la storia d'amore platonica più bella di sempre.
Grazie a Naki, a Stefano, a Luigi. Mi fate stare bene.

Grazie a Rita, che mi ha sempre chiamata «piccola guerriera» e mai «donna con le palle».

Grazie alle ragazze di Cera una Bolla, per aver profumato ogni stanza in cui io mi sia messa a scrivere.

Grazie alla professoressa Elisabetta Camussi, chissà cosa avrei fatto nella vita se non avessi seguito il suo corso.

Grazie ad Alessandro Metz, a Cecilia Strada e al lavoro di Mediterranea. Possiamo parlare di femminismo con tutti gli esseri umani di questo mondo, ma prima li dobbiamo salvare.

Grazie a Davide, per la sua capacità di essere "casa".

Grazie a tutte le ragazze e i ragazzi che in questi anni hanno seguito la rubrica Parità in Pillole, standomi accanto, mandandomi messaggi di incoraggiamento, rimanendo sempre pronte e pronti a cambiare idea, a mettersi in discussione e a crescere insieme. Senza di voi, semplicemente tutto questo non ci sarebbe stato.

Grazie alle scuole e alle organizzazioni che si sono affidate a me e a Bossy per sensibilizzarsi su questi temi. So che è una strada ancora poco battuta, ma siete dalla parte del giusto, ve lo assicuro.
Grazie a tutta la Bossy Family, è un onore poter suonare con voi (sì, sono una fan di *Titanic*, non me ne vergognerò mai).

Grazie a tutte le femministe e i femministi che mi hanno insegnato quanto sia faticoso, importante e bellissimo occuparsi di parità.

E grazie a te che hai deciso di leggere questo libro.
Sii un* femminista guastafeste.

BIBLIOGRAFIA

C. N. Adichie, *Americanah*, Einaudi, Torino 2014.
–, *Dovremmo essere tutti femministi*, Einaudi, Torino 2015.
–, *Cara Ijeawele*, Einaudi, Torino 2017.
D. Ardilli, *Manifesti femministi*, Morellini, Milano 2018.
M. Atwood,, *Il racconto dell'ancella*, Ponte alle Grazie, Milano 2004.
–, *Fantasie di stupro*, Racconti, Roma 2018.
L. Babcock, S. Laschever, *Le donne non chiedono*, Il Sole 24 Ore, Milano 2004.
A. Benini (a cura di), *I racconti delle donne*, Einaudi, Torino 2019.
J. Bennett, *Feminist Fight Club – Manuale di sopravvivenza in ufficio per le ragazze che lavorano*, Salani, Milano 2018.
G. Blasi, *Manuale per ragazze rivoluzionarie*, Rizzoli, Milano 2018.

S. Bravi, D. Werner, *La grande avventura dei diritti delle donne*, Sonda, Milano 2018.
J. Butler, *Questione di genere*, Laterza, Roma 2013.
–, *Fare e disfare il genere*, Mimesis, Sesto San Giovanni (Milano) 2014.
M. Cacace, *Femminismo e generazioni*, Baldini&Castoldi, Milano 2004.
A. Cavarero, F. Restaino, *Le filosofie femministe*, Bruno Mondadori, Torino 2002.
S. Chemaly, *La rabbia ti fa bella*, HarperCollins, Milano 2019.
P. Columba, *Il femminismo è superato (Falso!)*, Laterza, Roma 2018.
T. Coates, *Tra me e il mondo*, Codice, Torino 2016.
G. Conley, *Boy Erased – Vite cancellate*, Black Coffee, Firenze 2018.
J. Crispin, *Perché non sono femminista*, Sur, Roma 2018.
A. I. D'Atri, *Il pane e le rose*, Red Star Press, Roma 2016.
C. Dalcher, *Vox*, Nord, Milano 2018.
A. Davis, *Autobiografia di una rivoluzionaria*, Minimum Fax, Roma 2007.
–, *Freedom is a constant struggle*, Haymarket Books, Chicago 2016.
–, *Donne, razza e classe*, Alegre, Roma 2018.
S. de Beauvoir, *Il secondo sesso*, il Saggiatore, Milano 1961.
–, *Il sangue degli altri*, Mondadori, Milano 1985.
V. Despentes, *King Kong Theory*, Fandango Libri, Roma 2019.

R. Eddo-Lodge, *Why I'm No Longer Talking to White People About Race*, Bloomsbury, London 2017.
R. Engeln, *Beauty Mania*, HarperCollins, Milano 2018.
J. Eugenides, *Middlesex*, Mondadori, Milano 2003.
I.Facheris: *Creiamo cultura insieme: 10 cose da sapere prima di iniziare una discussione*, Tlon, Roma 2018.
L. Feinberg, *Stone Butch Blues,* Il Dito e La Luna, Milano 2004.
T. Ferrario, *Orgoglio e pregiudizi*, Chiarelettere, Milano 2017.
Fumettibrutti, *P. La mia adolescenza trans*, Feltrinelli, Milano 2019.
R. Gabrieli, *Femminicidio,* Elemento 115, Roma 2017.
M. Gancitano, A. Colamedici, *Liberati della brava bambina*, HarperCollins, Milano 2019.
L. Gasparrini, *Diventare uomini. Relazioni maschili senza oppressioni*, Settenove, Cagli (Pesaro) 2016.
–, *Non sono sessista, ma…*, Tlon, Roma 2019.
–, *No. Del rifiuto e del suo essere un problema essenzialmente maschile*, Effequ, Firenze 2019.
R. Gay, *Bad Feminist*, HarperCollins, New York 2014.
–, *Fame*, Einaudi, Torino 2017.
B. Hooks, *Elogio del margine. Razza, sesso e mercato culturale*, Feltrinelli, Milano 1998.
L. Lipperini, *Ancora dalla parte delle bambine*, Feltrinelli, Milano 2007.
–, *Non è un paese per vecchie*, Feltrinelli, Milano 2010.

S. Lloyd-Roberts, S. Morris, *The War on Women and the Brave Ones Who Fight Back*, Simon & Schuster, London 2016.

I. Marañón, *Educare al femminismo*, Salani, Milano 2018.

G. Marchetta, *Tutte le ragazze avanti!*, Add, Torino 2018.

S. Marchi, *Pink Tank*, Fandango Libri, Roma 2019.

M. Marzano, *Sii bella e stai zitta*, Mondadori, Milano 2010.

I. Melio, *Faccio salti altissimi*, Mondadori, Milano 2018.

E. Missana, *Donne si diventa*, Feltrinelli, Milano 2014.

F. Monceri, *Oltre l'identità sessuale*, Ets, Pisa 2010.

C. Moran, *Ci vogliono le palle per essere una donna*, Sperling & Kupfer, Milano 2012.

M. Murgia, C. Tagliaferri, *Morgana*, Mondadori, Milano 2019.

L. Penny, *Meat Market. Carne femminile sul banco del capitalismo*, Settenove, Cagli (Pesaro) 2013.

F. Piccolo, *L'animale che mi porto dentro*, Einaudi, Torino 2018.

G. Priulla, *Parole tossiche. Cronache di ordinario sessismo*, Settenove, Cagli (Pesaro) 2014.

F. R. Recchia Luciani, A. Masi, *Saperi di genere*, D'Anna, Firenze 2017.

E. H. Ripanti, *E poi basta*, People, Gallarate (Varese) 2019.

E. Ruspini, *Le identità di genere*, Carocci, Roma 2009.

S. Sandberg, *Facciamoci avanti*, Mondadori, Milano 2013.

M. S. Sapegno, *Figlie del padre*, Feltrinelli, Milano 2018.

F. Sartori, *Differenze e disuguaglianze di genere*, il Mulino, Bologna 2009.

M. Satrapi, *Persepolis*, Rcs Libri, Milano 2012.

I. Scego, *Future. Il domani narrato dalle voci di oggi*, Effequ, Firenze 2019.

J. Serano, *Whipping Girl*, Seal Press, Berkeley 2007.

R. Solnit, *Gli uomini mi spiegano le cose*, Ponte alle Grazie, Milano 2017.

L. Strömquist, *I'm every woman*, Fandango Libri, Roma 2018.

A. Tarttelin, *Golden Boy*, Mondadori, Milano 2014.

K. Tran Myhre, *A love song, A death rattle, A battle cry*, Button Poetry, Minneapolis 2016.

C. Volpato, *Deumanizzazione*, Laterza, Roma 2011.

C. Volpato, *Psicosociologia del maschilismo*, Laterza, Roma 2011.

M. Wolitzer, *La verità delle donne*, Garzanti, Milano 2019.

V. Woolf, *Le tre ghinee*, Feltrinelli, Milano 1992.

–, *Una stanza tutta per sé*, Einaudi, Torino 1995.

L. Zanardo, *Il corpo delle donne*, Feltrinelli, Milano 2010.

SIAE DALLA PARTE DI CHI CREA
Aut. B - 90 - 2021

Finito di stampare nel mese di gennaio 2021 presso
Elcograf S.p.A. - Stabilimento di Cles (TN)
Printed in Italy